MARCOS REY

O menino que
adivinhava

MARCOS REY

O menino que
adivinhava

Ilustrações Mariana Pimentel

São Paulo
2023

global
editora

© Jefferson L. Alves e Richard A. Alves, 2022

4ª Edição, Editora Ática, 1998
5ª Edição, Global Editora, São Paulo 2023

Jefferson L. Alves – diretor editorial
Flávio Samuel – gerente de produção
Jefferson Campos – assistente de produção
Juliana Tomasello – coordenadora editorial
Amanda Meneguete – assistente editorial
Bruna Tinti e Giovana Sobral – revisão
Mariana Pimentel – ilustrações e capa
Eduardo Okuno – projeto gráfico
Lilian Guimarães e Danilo David – diagramação

Dados Internacionais de Catalogação na Publicação (CIP)
(Câmara Brasileira do Livro, SP, Brasil)

Rey, Marcos, 1925-1999
  O menino que adivinhava / Marcos Rey ; ilustrações de
Mariana Pimentel. – 5. ed. – São Paulo, SP: Global Editora, 2023.

  ISBN 978-65-5612-419-3

  1. Literatura infantojuvenil I. Pimentel, Mariana. II. Título.

22-135216   CDD-028.5

Índices para catálogo sistemático:
1. Literatura infantil   028.5
2. Literatura infantojuvenil   028.5

Eliete Marques da Silva - Bibliotecária - CRB-8/9380

Obra atualizada conforme o
NOVO ACORDO ORTOGRÁFICO DA LÍNGUA PORTUGUESA

global
editora

Global Editora e Distribuidora Ltda.
Rua Pirapitingui, 111 — Liberdade
CEP 01508-020 — São Paulo — SP
Tel.: (11) 3277-7999
e-mail: global@globaleditora.com.br

- globaleditora.com.br
- @globaleditora
- /globaleditora
- @globaleditora
- /globaleditora
- /globaleditora
- blog.grupoeditorialglobal.com.br

Direitos reservados.
Colabore com a produção científica e cultural.
Proibida a reprodução total ou parcial desta
obra sem a autorização do editor.

Nº de Catálogo: **4597**

O menino que
adivinhava

COLA ELETRÔNICA?
ESSA NÃO

José costumava acordar cedo, mas não saltava logo da cama. Ficava pensando na vida. Como se sairia no quinto ano? Até agora a escola fora moleza. Resumira-se em brincar no pátio e conversar com Fla, Flávia, colega e vizinha de quarteirão. Pouco abrira os livros e acabara com melhores notas que os mais sabidos. Dona Adelaide, a professora, duvidara que passasse de ano. Ficou pasma ao ver nos exames tanta nota dez.

— Parece ter adivinhado o que ia cair — disse Fla.

O pai, seu Gregório, suspeitou de cola. Tudo dez! Estudando tão pouco! Como conhecia o diretor do colégio, perguntou-lhe como ia José nos estudos. O diretor estranhou a pergunta.

— Não viu o boletim? Surpreendente para quem, desculpe, é meio relaxado nos estudos.

— Ele é relaxado?

— Às vezes parece estar no mundo da lua. Até cheguei a pensar...

— A pensar o quê?

O diretor fez uma pausa.

— Nada.

— Diga, por favor.

O diretor hesitou ainda mais, porém decidiu-se:

— Sendo o senhor um homem de informática...

— Continue...

— Podia ter inventado um dispositivo computadorizado para ajudar o menino... — disse em tom de brincadeira. — Cola eletrônica, entende? Nos Estados Unidos já se fez isso.

Gregório não gostou do que ouviu e, ofendido, saiu do colégio, nervoso. Ele, o pai, suspeito de cola! Mas, eletronicamente ou não, o filho teria colado nos exames?

JOSÉ, O ADIVINHÃO

Naquele belo sobrado, onde o sol batia o dia inteiro, apenas José não trabalhava ainda. E Au, o cãozinho, naturalmente. O pai, seu Gregório, tinha sociedade numa loja de informática desde o aparecimento dos primeiros computadores. Sua mulher, dona Elvira, vivia na piscina dos clubes, como fisioterapeuta de crianças com deficiências físicas. O filho mais velho, Márcio, aluno do vestibular, já desenhava anúncios como estagiário de uma agência de publicidade. E Bela, assim apelidada por Márcio porque dizia ter vencido um concurso de beleza na cidadezinha onde nascera, era uma verdadeira máquina como empregada doméstica.

— Seu pai encontrou o diretor do colégio — disse dona Elvira a José. — E aproveitou para conversar sobre você. Voltou aborrecido. O diretor desconfia que nos exames ele lhe passa informações, via informática.

— Eles pensam isso? — riu José. — Que bobocas!

— Seu pai não achou graça alguma. E quer conversar a sério com você.

— Eu tiro dez em Português, Matemática, Geografia, História... e ele quer conversar a sério? Não estou entendendo, mãe.

— Ele simplesmente está desconfiado. Você estudou tão pouco e se saiu tão bem!

— Sorte.

— Sorte? A Fla, tão estudiosa, não tirou nenhum dez.

Antes do almoço, seu Gregório chamou o filho à copa. Contou logo a conversa com o diretor. O homem atribuíra suas notas no exame até a algum truque de informática. Quem sabe um receptor do tamanho de uma unha...

— Ele não entende nada de computação, pai.

— Mas entende das matérias que você estuda. E acha você um aluno muito distraído, que vive no mundo da lua. E, de fato, este ano ninguém aqui viu você abrir um livro. Seja franco. Você colou? Fica aqui só entre nós. Não conto nem pra sua mãe.

— Pai, não esconda nada da mamãe. Não fica bem.
— Está querendo dizer que colou?
— Não.
— Não?
— Eu adivinhei.
— Adivinhou o quê?
— Adivinhei o que cairia nos exames e estudei umas pagininhas.

Seu Gregório fechou a cara.

— Espera que eu acredite?
— Se tirei dez em todas as matérias, sem estudar, foi porque adivinhei o que cairia nos exames. O senhor não acha?

Seu Gregório não sabia se ria ou se ficava bravo com o menino. Ele era brincalhão demais para sua idade. Continuando assim, acabaria sendo um humorista de televisão.

Bela aproximou-se com uma carta que acabara de chegar. O dono da casa abriu o envelope.

— É do primo Emílio? – perguntou José.
— É, sim.
— Ele vem passar algum tempo aqui em casa?
  Eh! Como é que você sabe?

José não respondeu. Foi para o quarto. Precisava papear com Au. Era seu confidente e, às vezes, conselheiro.

COMO JOSÉ SOUBE DA VINDA DO PRIMO?

No jantar, os quatro à mesa, comentou-se a carta do primo Emílio. Era um rapaz alegre, grande contador de piadas, amigo de todos, mas sempre que vinha de Campinas encostava-se na casa dos tios, com sua bruta fome, e não voltava facilmente para o interior.

— Você sabia da vinda do Emílio? — perguntou seu Gregório a dona Elvira.

— Não sabia — ela respondeu.

— Você sabia, Márcio?

— Aquele chato vem se hospedar outra vez aqui em casa? — reagiu o filho mais velho. — Usa meu desodorante, minha pasta de dente, minha...

— Então, como José sabia? — perguntou o pai, com ar de espanto.

— Você sabia, José?

— Não, mãe. Adivinhei.

A naturalidade com que o caçula respondeu provocou uma careta no rosto irritado do pai. Sentiu-se novamente afrontado pelo garoto. Que mania de responder sempre daquela maneira!

— Não tem graça — disse seu Gregório.

— Mas não quis fazer graça, pai.

— Ele telefonou antes de mandar carta?

Márcio comentou:

— E ele gastaria dinheiro num telefonema?

Todos riram. Inclusive Bela, que servia a sobremesa. Menos seu Gregório.

— Eu só quero saber como você sabia — insistiu o pai.

— Eu já disse, adivinhei.

— Quer parar de uma vez com esse tipo de brincadeira? Não é capaz de imaginar outra coisa?

José acabou a sobremesa com duas colheradas e foi para o quarto.

— Ele ficou zangado — disse dona Elvira.

— Eu também. Esse menino está ficando um tanto cínico. Deve estar tentando encarnar algum personagem da televisão.

— O que ele fez?

— Sempre que lhe pergunto alguma coisa, diz que adivinhou.

Para Márcio não era novidade.

— Ele adivinha os resultados dos jogos de futebol, quem está me chamando ao telefone, o finalzinho das novelas...

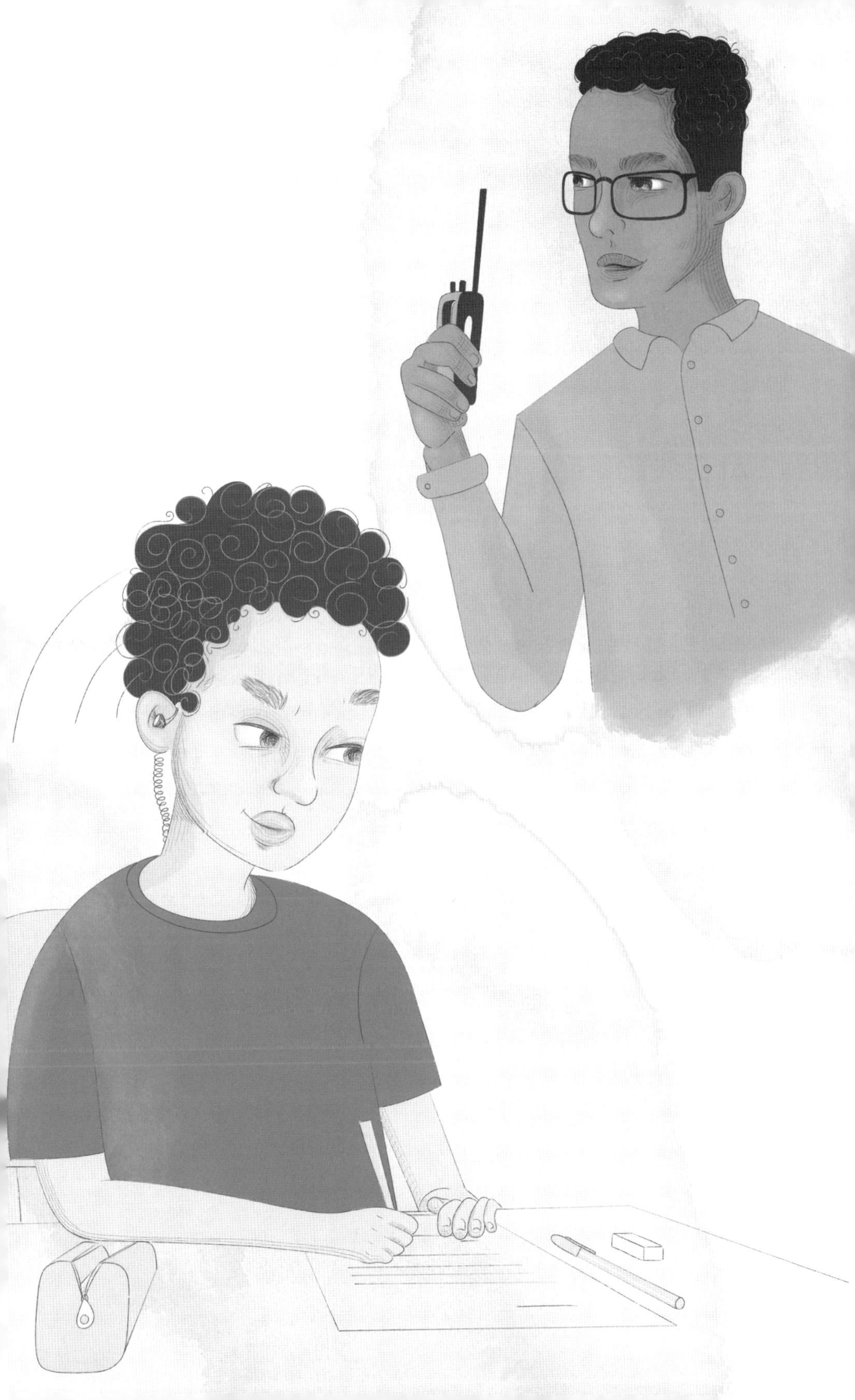

Dona Elvira tinha uma explicação divertida para o caso.

— Mas ele não se chama José? José, filho de Jacó, era um adivinho. Está na *Bíblia*. Chegou a governador do Egito por interpretar os sonhos do faraó e assim adivinhar o que aconteceria no país.

— Está explicado — disse Márcio. — Algum anjinho maroto assopra as adivinhações no ouvido dele.

— Vou dar uns tabefes nesse anjinho — prometeu seu Gregório.

AU

José subiu ao quarto e se deitou na cama. Alguém mais subira com ele maciamente: Au, o cão labrador da família. Nunca latia au-au porque era muito preguiçoso. Daí o nome.

— Ouviu a bronca, Au? Todos implicam com minhas adivinhações. Até a Fla. Sabe o que resolvi? Não vou adivinhar mais nada. Aliás, nem sei se realmente adivinho. Os exames, por exemplo... Apenas estudei as matérias sorteadas. Mas não tinha certeza de que cairiam, entendeu, Au? Acho que foi o tal de acaso.

Aqui ele fez uma pausa e depois continuou.

— Já sei. Está me perguntando do primo Emílio. Como adivinhei que a carta era dele? Podia ser pela letra do envelope. Podia. Mas nem olhei para o envelope. E se olhasse não adiantaria porque não sei como é a letra dele. Que avisava da visita, foi fácil. Não seria outra coisa. Nunca teve dinheiro para hotéis.

Bela entrou. Trazia a sobremesa.

— Você esqueceu dela.

— Obrigado.

— Você subiu como uma bala — disse Bela.

— Isto está gostoso.

— O pessoal não acredita que você adivinha as coisas.

— E quem disse que adivinho?
— Ninguém está dizendo isso. Mas eu gostaria de saber uma coisa...
— O quê?
— Eu tive um namorado, o Giba.
— E daí?
— A gente brigou há anos e ele não apareceu mais. Podia me dizer se um dia ele vai voltar?
— Estou proibido de adivinhar coisas. Não é, Au?

Au escondeu a cara no travesseiro. Não gostava de se meter nos negócios dos humanos.

— Adivinhe só mais essa — ela suplicou.
— Ele vai procurar você — garantiu José. — E para falar em casamento.
— Verdade?
— Não, estou brincando. Não vá acreditar nisso, por favor. Leve o pires.

FLA, A DA BICICLETA

José procurava aproveitar bem os últimos dias de férias. Mas não encontrava nada melhor que passear com Fla de bicicleta, embora houvesse no bairro poucas ruas onde isso ainda era possível. Na maioria delas, o trânsito de veículos era infernal.

— O que você tem feito? — ele perguntou.
— Nada. Mas vou fazer.
— O que vai fazer?
— Entrevistar Rogério Maciel. Ele está fazendo um tremendo sucesso na novela das 8.
— Por que vai entrevistá-lo?
— É uma gincana, entende? Conta pontos. Está sendo promovida pelo Royal, o clube aqui do bairro. Tem competições esportivas, provas

de conhecimento, entrevistas com gente famosa e outras coisas. O vencedor ganha um prêmio, nem sei qual.

— Eu gostaria de conhecer Rogério Maciel — disse José. — Ele é superfamoso! Estava ótimo na minissérie *Feriado mortal*.

— Você pode ir comigo e cuidar do gravador.

— Posso? Então conte comigo — ele garantiu.

— Quem sabe eu me torne jornalista no futuro.

— Você já marcou a entrevista?

— Não, só mandei uma carta. Mas não sei se ele vai me receber.

— Quando você vai?

— Amanhã às 11. Espero você no portão de casa.

ENTREVISTANDO O ASTRO DA TV

José e Flávia pedalaram até os estúdios da emissora, instalados nas proximidades. Foram barrados. Não traziam nenhum papel que autorizasse a entrada. Fla falou da carta que mandara. Não lhe deram a menor atenção. Ela insistiu.

— Pensam que são os únicos garotos que vêm aqui entrevistar os atores? — resistiu o porteiro. — Eles não têm tempo pra isso. Agora saiam da frente.

Tiveram de recuar, Fla quase chorando.

— Esses pontos eu vou perder.

— A gente tem de esperar ele sair.

— Mas os atores às vezes só terminam as gravações à noite.

Já se aproximavam das bicicletas, para voltar, quando Fla apontou:

— Veja, a tia Rosinha...

Era uma atriz idosa, muito simpática, que estava conquistando as multidões no papel de tia Rosinha, ao lado do galã Rogério Maciel. José deteve-a, sorrindo. Fla logo a atacou também, toda carinhos.

— Somos grandes admiradores da senhora – disse José. – Nossa classe nos escolheu para entrevistá-la. Apenas algumas palavras. Podemos entrar?

— Acompanhados por mim, podem. Então sua classe é minha fã? Mas não estão de férias?

Desta vez não tiveram problemas para passar pela portaria.

No vasto bar da emissora, repleto de atores, já maquiados, e técnicos, todos comendo sanduíches e tomando refrigerantes, Fla e José fizeram uma breve entrevista com a atriz veterana.

— Muito obrigada – ela agradeceu. – Agora vou vestir a roupa para gravar as cenas da novela.

Fla e José fingiram que se retiravam, mas na verdade procuravam por Rogério. Lá estava ele, cercado de amigos e curiosos. Era um rapaz muito alto e bonito, porém José não foi com a cara dele. Achou-o um tanto arrogante, rei do mundo, julgando-se o maior. Disse isso para Fla.

— Você está é com inveja da fama que ele tem.

— Ele se sente Deus.

— E é mesmo um deusinho. Tem tudo: carros, casa com piscina, apartamento na praia, lancha. Até helicóptero ele tem.

— Helicóptero?

— É. Quando faz gravações externas, chega pelos ares.

José nunca se sentira invejoso, mas ter até helicóptero era demais.

Num instante em que os amigos puxa-sacos e curiosos deram uma folga ao artista, Fla aproximou-se dele.

— Por favor, Rogério.

— Onde eu assino? – ele perguntou, já imaginando uma caneta.

— Não é apenas autógrafo. Ligue o gravador, Zé. Eu tenho umas perguntinhas...

— Tem de ser muito rápido. Vão começar os ensaios e ainda não decorei nada.

— Você sempre quis ser ator de televisão?

— Eu entrei num estúdio para vender tecidos. Era vendedor e mal ganhava pra me sustentar. Um diretor achou que eu levava jeito e me contratou.

— Foi difícil fazer sucesso? — perguntou Flávia.

— Aconteceu logo na primeira novela. Eu não sabia nada e morria de medo das câmeras, mas o povo gostou. Alguns dizem que até hoje não aprendi a representar.

— Você recebe muitas cartas de fãs?

— Escute aqui, belezinha, seu tempo acabou. Vou gravar. Tchau.

— Cuidado com o helicóptero — recomendou José, em voz alta.

— O quê?

— Eu disse para ter cuidado com o helicóptero — repetiu o menino. — Principalmente às segundas, quartas e sextas. Vamos, Fla.

Rogério Maciel continuou parado por uns instantes e depois entrou no estúdio. Antes, olhou ansiosamente para trás, na direção de José.

Já fora da emissora, Fla perguntou:

— Que história foi aquela do helicóptero?

— Brincadeira.

— Brincadeira estúpida.

— Eu não gostei do cara.

— Só porque ele é rico e famoso?

— Não sei por quê.

— Rogério levou até um sustinho quando você disse aquela bobagem.

— Foi pra isso mesmo que falei.

— Quer saber de uma coisa? Se eu fosse mais velha, namorava ele.

Durante todo o trajeto de bicicleta, Fla não quis papo, zangada com José. No portão da casa dela, ele lhe entregou o gravador e os dois se separaram friamente.

Ao chegar em casa, José fez uma confissão:
— Fui mal-educado. Preciso pedir desculpa à Fla.
Au, o confidente, saltou sobre as pernas do amigo para lhe dar apoio moral.

ALGUÉM CONHECE PEDRA ROXA?

As aulas recomeçaram. José atracou-se com os estudos. A bruta sorte do ano passado podia não se repetir. Para passar de ano, o certo é estudar muito no começo, pegar as matérias pela base, pisar firme os primeiros degraus. Depois, sim, dá para folgar um pouco, matar o tempo vendo televisão, ouvindo CD, nadando e papeando com a Fla. Por falar nela, os dois não estavam se dando bem desde a entrevista com Rogério Maciel. Quase não conversavam. E foi pelos colegas da classe que ele ficou sabendo do terceiro lugar conquistado por Fla na gincana do clube, ótima colocação, entre um montão de concorrentes.

Foi justamente por causa desse esfriamento, da indiferença dela, que José se surpreendeu ao ouvir sua voz ao telefone.
— É a Fla.
— Foi bom você ter ligado. Eu queria pedir desculpa. Fui mesmo muito mal-educado com o Rogério Maciel.
— Mas você não sabe o que aconteceu? Não ouviu o rádio?
— Não sei de nada.
— Com o Rogério!
— Diga logo!
— O rádio está dando a todo momento. Na TV ainda não vi.
— Mas o que foi?
— O helicóptero dele desapareceu.
— Meu Deus!

— Viajavam ele, o piloto e um produtor. Bem que você tinha adivinhado.

— Eu não adivinhei coisa nenhuma. Disse aquilo pra dar um susto, pra estragar o dia dele.

— Zé, você adivinhou! Acho que tem o dom.

— Tenho nada. Onde você está? Vamos nos encontrar.

José desligou, saindo ao encontro de Fla, mas, ao passar pela sala, ouviu Bela dizendo:

— Aquele bonitão da TV, o da novela das 8, desapareceu de helicóptero.

— Caiu no mar? — perguntou dona Elvira.

— Não — respondeu José.

— Você também ouviu? — perguntou a mãe.

— A Fla me disse.

— Se não caiu no mar, poderá ser encontrado.

— Não sei onde caiu.

— Você disse que não foi no mar.

— Eu disse?

— Disse.

— Pode ser então que a Fla tenha me dito.

José saiu, andou pouco mais de 100 metros e chegou à casa de Fla. Ela estava no portão. Olhou-o como se ele fosse um extraterrestre.

— Fla, não me olhe assim, por favor.

— Você adivinhou.

— Pare com isso. Todo dia cai helicóptero. E sempre com pessoas famosas, deputados, empresários, artistas.

— Então você acha que não adivinhou?

— Juro que não.

— Estou mais aliviada. Não sei por quê, mas estou. Coitado do Rogério.

— Se ele não caiu no mar, poderá estar vivo.

— Ele não caiu no mar?

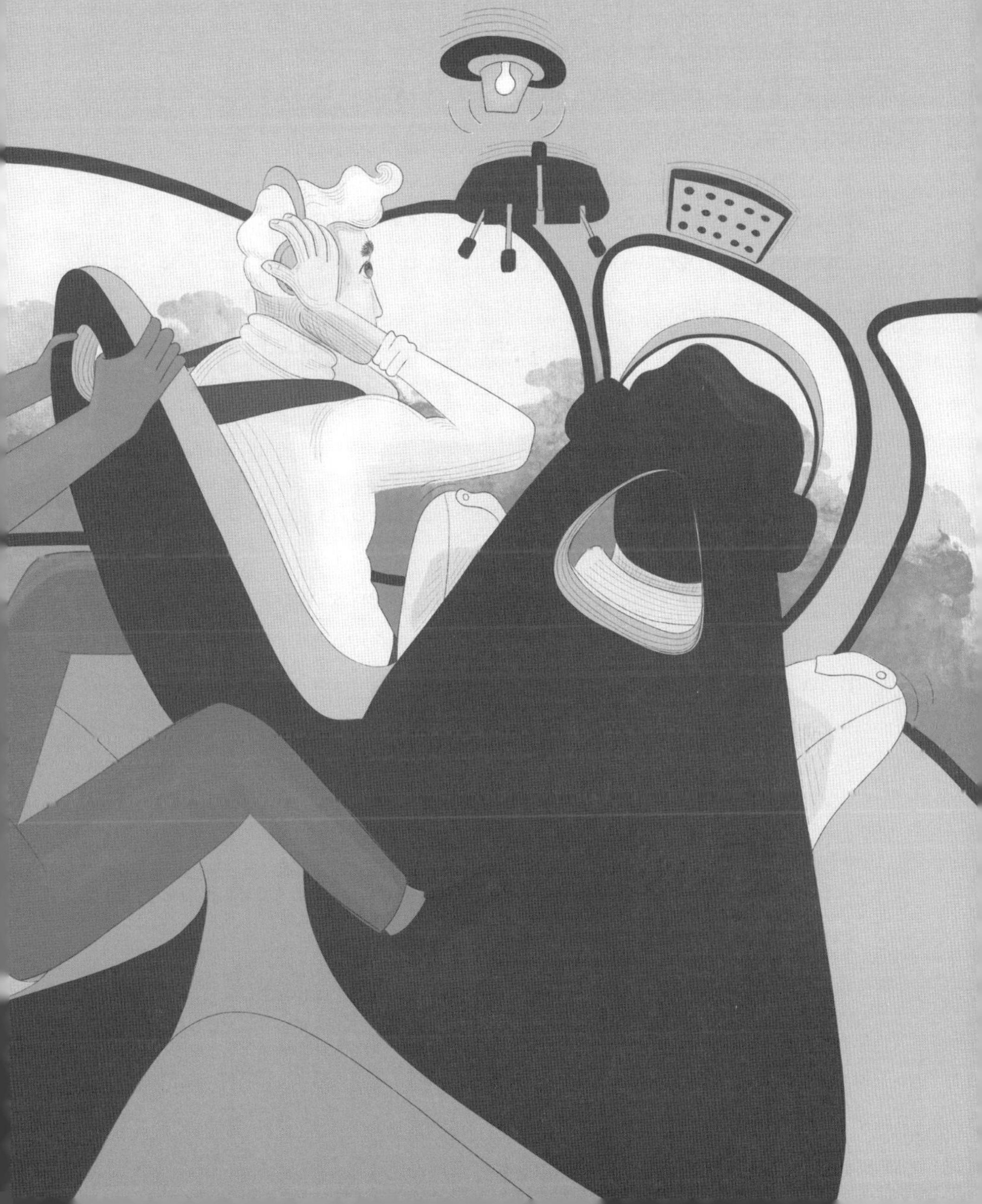

— Não foi o que você disse?

— Eu não disse isso. Só sei o que o rádio deu.

— Então ouvi mal. Você disse a alguém que eu adivinhei o que ia acontecer?

— Não.

Dona Laura, mãe de Fla, pôs a cabeça na janela e avisou que a TV ia dar as primeiras notícias sobre o caso. Ambos entraram e sentaram-se com ela diante do televisor.

A TV Mundial estava aflita. Sem Rogério Maciel, o que aconteceria com a novela das 8?

Um irmão de Rogério informou que o ator se dirigia às proximidades de Serra Negra, longe do mar, logo ele que adorava sobrevoar o litoral. Estavam à procura de locações para um filme que ele faria depois da novela.

Dona Laura estava quase chorando; era grande fã do ator.

— Será um dos maiores enterros que já se viu em São Paulo — ela imaginou.

— Ele não está morto — disse José.

— Acha que não está? — perguntou Fla, olhando-o daquele jeito.

— Bem, acho que não está.

Cenas seguintes já mostravam helicópteros empenhados na busca. Voavam lentos e baixo. Em terra, policiais rodoviários interrogavam os moradores da região. Ninguém lembrava de ter visto ou ouvido um helicóptero. Um *flash* da namorada de Rogério, também atriz. Ela não resistiu, desmaiou. Um repórter perguntava se a novela das 8, estrelada por outro ator, perderia audiência. Outra preocupação, embora ainda disfarçada, era a escolha do substituto de Rogério.

— Vejam — disse dona Laura —, a morte de uma pessoa importante sempre traz vantagens para outras.

A câmera focalizou a chegada de um helicóptero de busca. O piloto estava exausto e intrigado.

— Nenhum sinal do helicóptero. Percorri toda a região. Ele desapareceu no ar como... como se tivesse sido sequestrado por um disco voador.

Foi apenas uma expressão, um jeito de falar, mas alguns até levaram a sério. Já tinham visto e até fotografado objetos voadores não identificados na região. Consultada, certa mãe de santo declarou que dentro de algumas horas estaria em condições de fazer revelações sensacionais.

No fim da tarde, sem ter ouvido nenhuma notícia esclarecedora, José voltou para casa. Lá, a inquietação era a mesma. Dona Elvira e Bela esqueceram as obrigações domésticas. Até Au olhava para a televisão.

José entrou no quarto e tentou pensar em outra coisa. Não conseguiu. Abriu seu atlas, ótimo, por sinal. Procurou o mapa do estado de São Paulo. Pegou a lupa para ler mais facilmente os nomes de cidades, rios e estradas. Costumava fazer isso. Um jeito de viajar. Pedra Roxa. Onde era isso? Não encontrava no mapa. Apenas duas palavras que rolando, rolando, encontraram-se, formando um nome. Pedra Roxa. Imaginava uma simples localidade, dessas esquecidas no mundo. Um lugarejo cheio de poeira e galinhas soltas pelas ruas. Pedra Roxa.

Durante o jantar, a televisão continuou ligada. A cada intervalo, novos *flashes* de buscas, entrevistas, depoimentos. Principalmente fotos e dados biográficos do ator. Para a imprensa, ele já estava praticamente morto. Só faltava a última palavra, que viria da tal mãe de santo.

José, tenso, foi dormir cedo. Acordou muitas horas depois, com o sol banhando todo o quarto. Bela, alegre, perguntou:

— Está querendo café na cama?

— Puxa, como você está alegre.

— Todos estão.

— Por quê?

— Encontraram o Rogério Maciel. Vivo. Apenas ferimentos leves.

— Onde?

— O helicóptero se perdeu. Ficou sem combustível e foi parar num lugarzinho chamado...
— Pedra Roxa.
— Já ouviu falar nele?
— Não – disse José. – Nunca.

AU, EU SOU UM ADIVINHO?

José foi direto para o banheiro. Tomou um dos banhos mais longos dos seus 10 anos. Na copa, encheu-se de café com leite, pão e manteiga, queijo e presunto. Comendo, não pensava em certas coisas. Despediu-se de dona Elvira e correu para a escola.

No pátio, evitou a turma. Viu Fla entre suas colegas. Devia falar a ela sobre Pedra Roxa? Não. Fla aproximou-se com cara de quem tinha algo interessante a dizer.

— Rogério estava vivo, sabe?
— Sei.
— Ouvi uma entrevista dele no rádio. Sabe o que disse? Que um menino o tinha prevenido sobre o desastre. Mas não sabia o nome nem quem era ele.
— Ainda bem. Já pensou eu entrevistado pela TV? Todo mundo aqui na escola achando que eu sou adivinho?
— Mas você sabia que ele estava vivo.
— Palpite.
— Até a mãe dele já admitia que estivesse morto.
— Mas foi palpite.

Aquela manhã, porém, foi péssima para José na escola. Não conseguia se concentrar nas aulas. E, se algum colega falava sobre o jogo entre São Paulo e Palmeiras no próximo domingo, dava uma de desligado. Não queria adivinhar resultados.

O melhor do dia foi sua reconciliação com Fla. Mas às vezes ela ainda o olhava daquele jeito. Como se fosse um ser milagroso.

À tarde, foi para a cama com os livros. Gostava de estudar deitado. Não abriu nenhum deles. Uma pergunta boiava no ar como fumaça.

— Eu sou mesmo um adivinho, Au?

Fechou as janelas. A pergunta tornava-se fosforescente. Desceu as escadas. Ela desceu com ele. Resolveu ir ao clube. Foi até lá para dar umas braçadas e esquecer. Atirou-se na piscina. Não deu resultado, a pergunta sabia nadar, e mesmo molhada tinha a mesma força.

À noite, brincou um pouco com Au. A pergunta desapareceu, talvez com medo de que o labrador a mordesse. Decidiu de uma vez por todas: não sou adivinho. Tudo não passou de invenções da mente, coincidências, espertezas. Muita gente deve ter o dom de adivinhar em algum período da vida. Achou essa conclusão muito boa e segurou-a com ambas as mãos.

O COELHO DA FORTUNA

Rogério, agora na televisão, declarou que um menino, entrevistando-o na companhia de uma menina, dissera-lhe para ter cuidado com o helicóptero. No momento até se irritara, mas lembrara-se dele durante os momentos de perigo.

Dona Elvira, comentando a entrevista, perguntou ao filho:

— Não foi você esse profetinha?

— Não, mãe.

— Você e Fla estiveram na TV.

— Estivemos, mas eu não disse isso a ele.

— Entrevistaram o Rogério?

Embaraçado, José respondeu:

— Sim, fizemos algumas perguntinhas. Mas ele estava com muita pressa.

Para fugir do interrogatório, José se afastou. Topou na copa com a Bela, toda sorridente.

— Sabe quem foi visto por aí? O Giba.

— Que Giba?

— Meu namorado desaparecido. Você disse que ele voltaria.

— Eu disse?

— E para falar em casamento...

José saiu para a rua. Bela era outra que o olhava daquele jeito.

Felizmente, na escola, Fla manteve a boca fechada e ninguém identificou em José o menino adivinho mencionado por Rogério Maciel. Estavam todos preocupados com um grande sorteio que ocorreria na Páscoa. Ganhe milhões com o Coelho da Fortuna, anunciava a TV.

Fla disse a José que seus pais não falavam de outra coisa.

— Os seus não vão concorrer? — ela perguntou.

— Não sei, Fla.

— Com o dom que você tem de adivinhar, eu arriscava — provocou-o.

José fingiu não entender bem e se afastou. Na esquina de sua casa, viu um novo cartaz, superatraente: "Ganhe milhões com o Coelho da Fortuna". Todos que passavam, a pé ou de carro, olhavam para ele.

Em casa, José teve a confirmação de que o tal sorteio pegara mesmo. Até sua mãe estava falando sobre ele com a Bela.

Seu Gregório entrou na sala. Ouvira o papo.

— Você tem um palpite, filho?

— Não, pai.

— Não seria um jeito de saber se você adivinha mesmo? — perguntou seu Gregório com um ar gozador.

José retirou-se para o quarto, sentindo que os pais não haviam gostado de seu recuo. Fizeram uma cara de decepção! O que estavam querendo era só alimentar uma pequena ilusão até a Páscoa, nada mais.

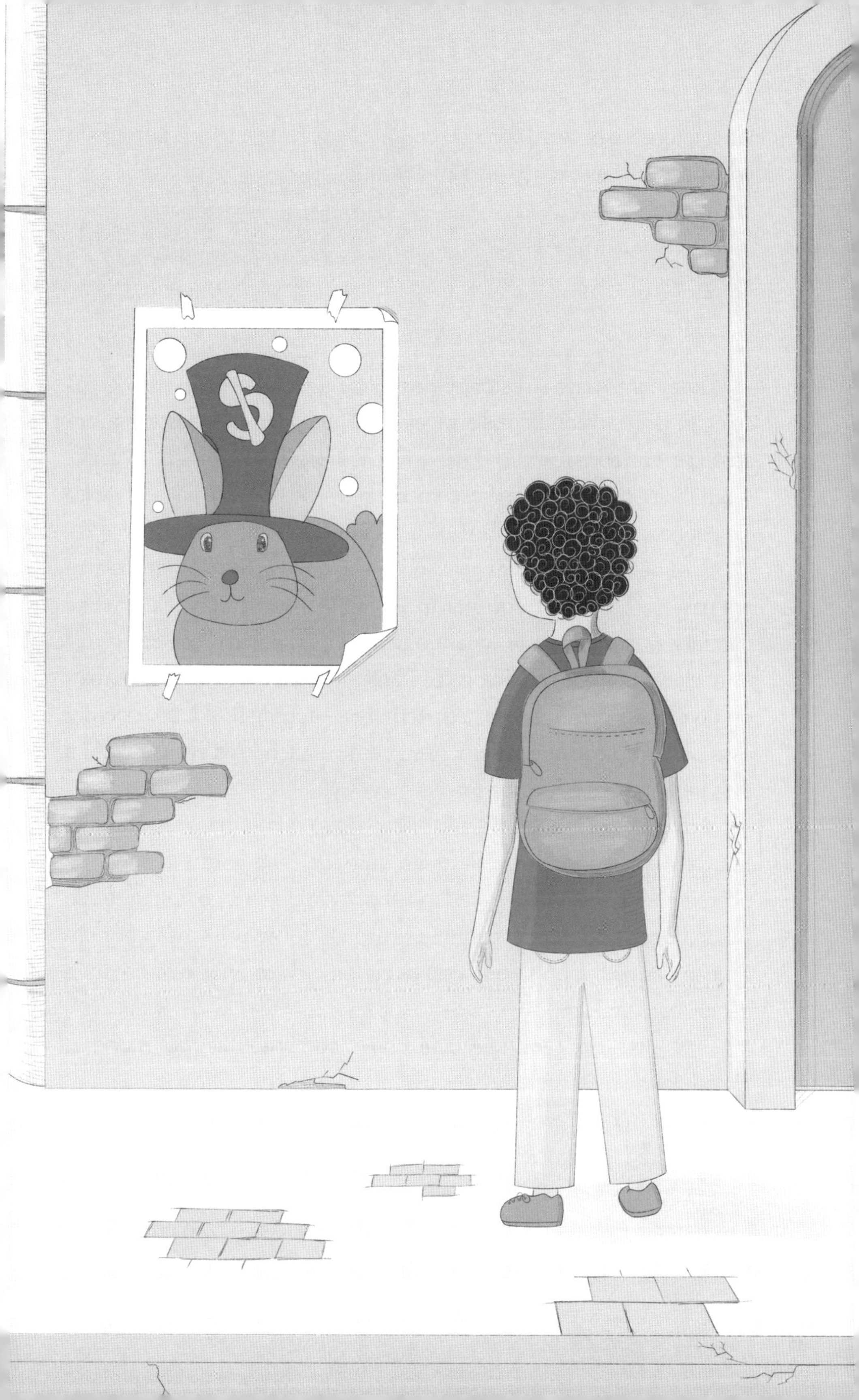

Uma loteria inocente. Teria sido cruel? Chegou até a abrir a porta para voltar atrás. Mas ele não era um adivinho.

3 A O

José continuava se esforçando muito na escola, meio afastado dos colegas. Brincadeira demais atrapalha. O que pretendia, desta vez, era aprender, não adivinhar. O bom exemplo tinha na família mesmo, Márcio. Com 18 anos, estudava e já escolhera uma profissão. Ele não era muito simpático, achava que sabia tudo, mas era um exemplo a seguir.

José não estava apenas pensando essas coisas, mas falando, palavra por palavra. Sentadinho, no quarto, atento, Au ouvia tudo. Infelizmente não falava, isto é, não dava para ouvir sua voz, porém José conseguia estabelecer com ele um diálogo bastante vivo. Às vezes, até ouvia mais do que falava. Era um dos seus temores – tornar-se adulto e perder esse poder de conversar com Au e com os cachorros em geral. Aí a vida perderia um pouco da graça.

No dia seguinte, o primo Emílio chegou com uma mala enorme. Estava mais redondo que da visita anterior. Não gordo, redondo; é diferente. Até seu nariz era redondinho. Instalou-se logo no quarto do fundo. Depois foi tomar banho e passou a andar pela casa com um roupão vermelho. Disse que estava cansado do interior e retornara à capital para vencer.

– A situação geral não está boa – comentou seu Gregório. – Emprego, nem pensar.

– Quem falou em emprego? Vou me tornar um empresário, tio.

– Pretende negociar com...

– Qualquer coisa. Nada de limitações.

Parecia mesmo disposto a trabalhar. Vendo-o movimentar-se de um lado para o outro, todos se convenceram de que ele estava muito motivado. Mas não saiu de casa aquela tarde, pois haveria um jogo de futebol muito importante e ele decidiu assistir pela televisão.

— Não perca tempo — disse José. — Seu time vai perder por 3 a 0.

— O jogo é em Campinas. E meu time sempre ganha quando joga lá.

— 3 a 0.

José gostava de brincar com o primo, especialmente se o assunto era futebol. A mãe de José não gostou. Um bebê, neto de um senador, havia sido roubado de uma maternidade e ela queria assistir ao noticiário. Para não vê-la sofrer, sem o seu entretenimento, José resolveu sair. Pegou a bicicleta e foi para a rua. Ia haver uma gravação na Galeria Kosmos, não muito distante dali. A galeria era muito usada pela emissora para fazer gravações porque tinha uma grande variedade de cenários. Além das dezenas de lojas — uma delas vendia até lanchas e barcos a vela —, tinha bares, restaurantes, museu de cera, ringue de patinação, salão para desfile de modas, dois cinemas e um parque infantil. Naquele dia, segundo as revistas especializadas, seriam gravados ali os momentos decisivos do final de uma novela.

GRAVAÇÃO NO *SHOPPING*

José deixou a bicicleta no pátio, entrou e logo reconheceu a correria do pessoal da TV com suas câmeras, cabos e luz. Isso sempre atraía o povo que circulava pela galeria. O difícil era impedir que prejudicassem a gravação. Tinham de manter as pessoas afastadas, com cordas e muitos "por favor". Ele se aproximou e quem viu logo?

— Fla, você por aqui!

— Veio comprar o quê?

— Nada. Estava muito chato em casa. Chegou um primo malucão do interior. Minha mãe ficou nervosa porque a esta hora ela gosta de ver o noticiário. Antes que brigassem, caí fora. E você?

— Vim ver a gravação. Júlia Campos, a atriz principal, está trabalhando.

— Começou agora?

— Já está no final.

Os dois assistem a um *take*, uma pequena cena em que Júlia, andando pela galeria após fazer compras, deixa cair um montão de embrulhos. Um homem se aproxima rapidamente para ajudá-la. E é justamente o galã da novela, personagem vivido por Rogério Maciel. Dupla surpresa. Dupla não, tripla. José também não esperava revê-lo tão depressa. O diretor, acompanhando a cena por um monitor, que já mostrava como ela sairia no ar, ergueu o braço e disse: "Valeu!"

Imediatamente, todos relaxaram. Acabara a gravação.

— Vamos embora — disse José a Fla. — O que me diz de um refrigerante?

— Veja quem está olhando pra você.

— O quê?

— Veja quem está olhando pra você — ela repetiu.

José já vira. Era o famosíssimo ator da Mundial, que vinha empurrando as pessoas para se aproximar dele.

— Você é o garoto da entrevista, não? — perguntou ele.

— Que entrevista?

— Será que não lembra? Você me alertou sobre o desastre. Por que está negando? E você, menina, também esqueceu?

— Não — respondeu Fla. — Você foi muito camarada. Concorri na gincana do clube e graças à entrevista peguei o terceiro lugar. Achavam que eu não conseguiria nem entrar na Mundial.

O interesse de Maciel estava todo em José.

— Como foi que adivinhou sobre o desastre?

— Não sei.

— Você costuma fazer adivinhações?

— Ele faz algumas — disse Fla —, mas não gosta que fiquem sabendo.

— Então adivinha?

— Algumas vezes…

— Ele já adivinhou a morte de algumas pessoas – disse Fla –, mas acha normal.

— Normal? – admirou-se o ator.

Um membro da equipe se aproximou:

— Vamos, Rogério.

— Este é o menino que me preveniu do acidente. Ele adivinha coisas.

— Desse tamanhinho!

— Não sou tão pequeno assim.

— Já adivinhou a morte de pessoas, não? – o ator perguntou a Fla.

— Não – antecipou-se José.

— Adivinhou quando morreu todo aquele conjunto de *rock* – disse Fla.

O companheiro de Rogério teve uma ideia.

— Podíamos fazer uma entrevista com ele na TV. O garoto adivinho. Isso dá samba.

José reagiu.

— Não adivinho nada, foi tudo por acaso.

— Você estava muito seguro quando falou do acidente – disse o ator. – E citou o helicóptero. Cuidado com o helicóptero, ele disse.

— Vamos fazer a entrevista – insistiu o outro.

— Não! – bradou José.

— Então diga alguma coisa sobre o bebê.

— Que bebê?

— O que desapareceu da maternidade. É neto do senador Maia. Os telejornais só falam disso. Dê uma dica.

— O que você quer que eu fale?

— Quem o sequestrou, onde ele está, se vai ser encontrado vivo…

— Eu não sei nada disso. Vamos indo, Fla.

Fla não saiu do lugar.

— Dá só uma dicazinha, Zé. Sua cara não vai sair na televisão. Rogério foi tão camarada comigo.

— Não vivo adivinhando coisas. E, às vezes, eu erro.

Rogério olhou bem nos olhos dele.

— Você não quer esse tipo de fama. Está bem. Mas agora se trata de salvar um bebê, ajudar uma família... Até o presidente da República está preocupado com o desaparecimento do neto do senador Maia. O senador é uma boa pessoa.

— Ouviu bem? — perguntou Fla, doida para ver José fazer uma adivinhação.

— As adivinhações vêm quando menos espero — disse José. — Não adianta ficar concentrado.

O cara da equipe olhou para Rogério, descrente.

— Se ele ouvir alguma vozinha misteriosa, que nos procure. Vamos indo.

Fla lançou um olharzinho, decepcionada.

— Não dá pra adiantar nada, Zé? Faça uma forcinha. O bebê pode morrer se não for encontrado já. Ele tem apenas alguns dias de vida.

— Dias?

— Nasceu na sexta-feira — informou o ator.

— Posso ter perdido o dom — disse José. — Mas...

— Mas o quê? — insistiu Rogério.

— Imagino que a criança está numa favela... — arriscou.

— Há centenas de favelas — comentou o rapaz da equipe.

— Tem nome de bicho — esclareceu o menino.

— Algumas têm. Favela do Jacaré, Favela do Macaco, Favela da Onça. Fiz reportagens em todas elas.

— Favela da Onça — disse José.

— O quê?

— Da Onça.

— O bebê está lá?

— Eu apenas disse Favela da Onça.

— Quem roubou o bebê?

— Uma moça meio biruta. O barraco dela é vermelho.
— O que mais?
— Mais nada – disse José.
— Acha que a criança está nesse lugar?
— Eu não sei.
— É mero palpite? – perguntou o cara da equipe.
— Eu disse qualquer coisa... Vamos, Fla?

Os dois saíram da galeria. Fla não viera de bicicleta. José deu-lhe uma carona.

— Você então chutou? – ela perguntou.
— Foi só um chute. Pra me livrar deles. Agora vão saber que não adivinho coisa alguma. Ou então só adivinho às vezes.

José deixou Fla em sua casa.

— Você tá feliz por ter visto o Rogério Maciel?
— Observei bem, você é mais bonito que ele.

Podia ser mentira, mas José ficou contente. Voltou para casa e encontrou Emílio chateado com o resultado do jogo.

— Por quanto você disse que o Guarani perderia?
— Não lembro.
— Foi 3 a 0.
— Lamento, primo.

A mãe de José entrou às pressas na sala.

— O jogo já acabou?
— Já, tia.
— Então posso ver o meu programa.

No quarto, José perguntou a Au:

— Por quanto eu disse que o Guarani perderia?

Au também não lembrava.

UM CAPÍTULO CHEIO DE ACONTECIMENTOS

Enquanto assistia às aulas, José pensava no caso do sequestro. Sentira-se mal, forçado a adivinhar o paradeiro da criança, mas, se não abrisse a boca, pareceria que, mesmo possuindo um dom sobrenatural, não se importava com o próximo. Imaginou depois uma fila de pessoas aflitas desejando ouvir suas previsões. Cada uma com seu problema. Famoso, sua imagem não sairia da televisão, recomendando produtos, dando entrevistas e palpites sobre os rumos da política.

— José, está sonhando?

Era a professora Renata. Amiga de dona Adelaide, do quarto ano, olhava-o com desconfiança. Observava-o bastante, sem que ele notasse. Onde colocava as colas? Nos bolsos, seria evidente demais. Nos sapatos, exigiria movimentos suspeitos. Ele usava camisas de mangas curtas... Seria no mostrador do relógio? Quem sabe fosse um David Copperfield, o mágico, em miniatura.

À saída, Fla se aproximou dele.

— Ainda não localizaram o bebê.

— Assim me deixarão em paz.

Ao chegar em casa, José viu o primo Emílio sair rápido como uma bala. Ia travar contatos, apresentar planos, discutir projetos. Bela perguntou se voltaria para o almoço.

— Não! — berrou, como se estivesse ofendido. Mas duas horas depois estava de volta.

— Alguma coisa saiu mal? — perguntou dona Elvira.

— Disse mal? Pelo contrário, saiu ótimo. Sabe o que falta neste país? Miolo. E isso tenho demais — garantiu, enterrando o dedo indicador na cabeça. — Miolo.

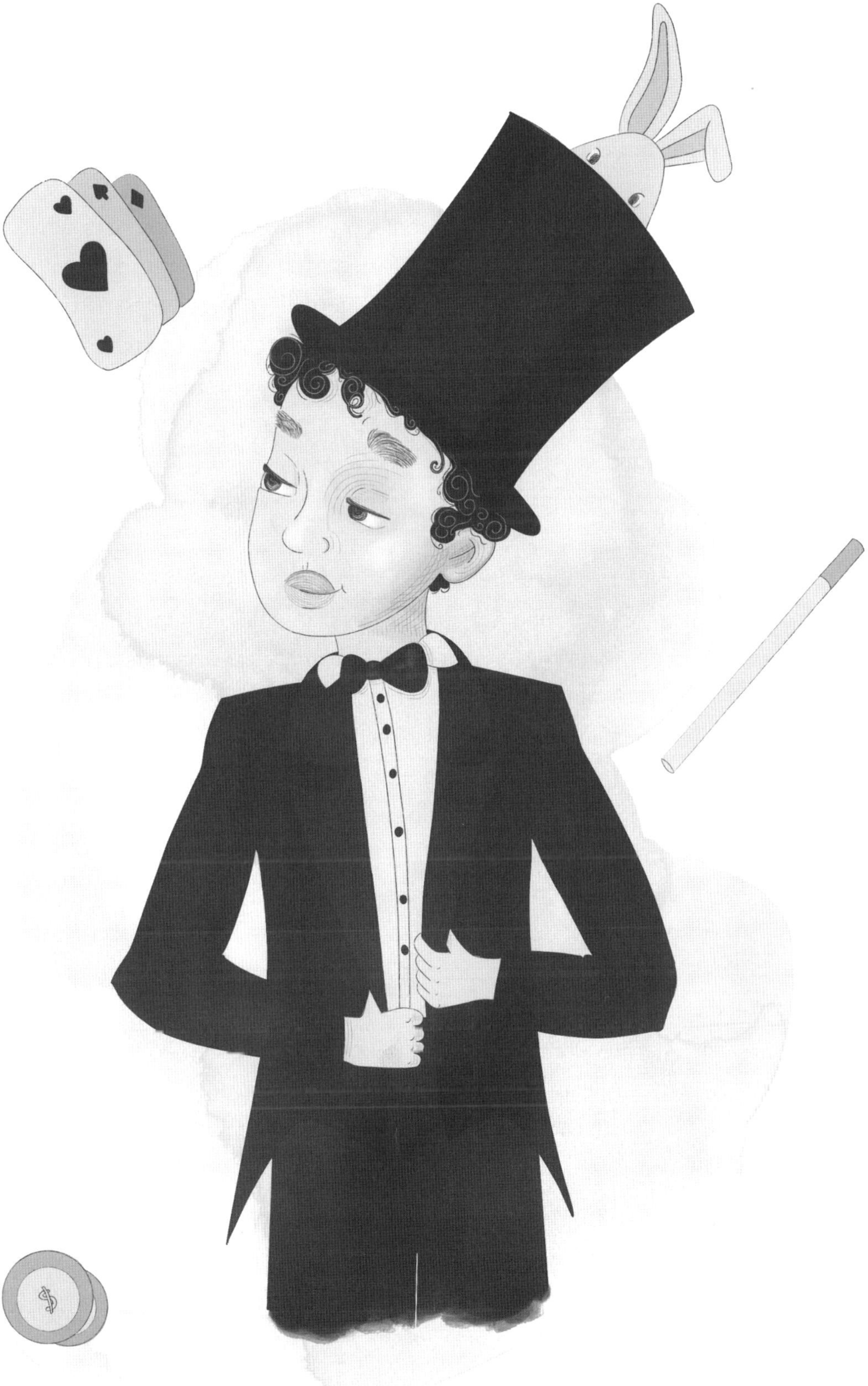

À hora do almoço, primo Emílio estava muito animado e conseguiu interessar até o Márcio, que nunca lhe dera ouvidos. Tinha muitos planos para enriquecer. No momento, só necessitava de um empréstimo.

Com uma caneta, Emílio começou a fazer desenhos na toalha branca da mesa. Seu Gregório e Márcio acompanhavam tudo, muito atentos. Eram números, letras, sinais matemáticos, figuras geométricas e um grande sol, cheio de raios. Até Bela espiou, mas não entendeu nada.

— Eis o que vim fazer em São Paulo. Chacoalhar a indústria — concluiu primo Emílio levando a toalha, pacientemente dobrada, para o quarto do fundo.

— Nem perguntou se íamos precisar da toalha — estranhou a dona da casa.

— Parece que ele escreveu nela a fórmula do sucesso — disse seu Gregório. — Quem sabe se não estamos diante de um gênio?

À tarde, dona Elvira ligou a televisão para ouvir o noticiário. Se Emílio aparecesse para assistir ao futebol, seria enxotado. Uma viatura policial seguia para a favela focalizada pela reportagem da TV. Surgira uma pista ou possibilidade remota no caso do sequestro. Aquele era um ponto entre duas favelas, a do Jacaré e a da Onça.

Bela juntou-se a dona Elvira.

— O rádio também deu que há uma pista — disse.

A viatura diminuiu a marcha cautelosamente. Depois parou. Três policiais desceram e começaram a andar a pé por uma rua estreita e sufocante da favela. Crianças nuas e cachorros vagavam como se estivessem à procura de alimentos. A presença da polícia não despertava muita curiosidade entre os moradores, que já estavam acostumados.

José apareceu e logo notou o grande interesse de sua mãe e de Bela.

— Uma reportagem sobre o sequestro do bebê — disse dona Elvira.

— Que favela é essa?

— Favela da Onça.

José levou um susto.

– Favela da Onça?

– Conhece? – admirou-se Bela.

– Nunca estive numa favela – respondeu.

Uma repórter esclarecia o que estava acontecendo. Uma informação, partida diretamente da TV Mundial, levara a polícia até lá. Alguém suspeitava de que a criança pudesse estar na favela. E sabem quem passara a informação? Quem?

– Rogério Maciel – disse a repórter. – O nosso galã da novela das 8.

Se alguém estivesse olhando para José, notaria que ele estava pálido. Ele começou a torcer para que a polícia não encontrasse sequestrador nenhum.

– O que será que Rogério tem a ver com isso? – perguntou dona Elvira. – A não ser que pretenda fazer publicidade da novela, que é meio policial. Não acha, Zezinho?

– Acho, mãe – respondeu.

Os policiais continuavam avançando. Desceram uma rua ainda mais estreita. Atravessaram um córrego raso, usado pelos moradores para jogar lixo. Às vezes, paravam e faziam perguntas, sem resultado. Os favelados, com medo de represálias, recusavam-se a cooperar. A repórter seguia atrás, com sua equipe.

– Eles procuram uma casa vermelha – disse ela.

José sentiu a boca seca e chegou a levantar-se para tomar água, mas tornou a sentar. A reportagem, uma a uma, mostrava casas de madeira velha e apodrecida devido à ação do tempo e das chuvas. As demais, feitas de cartazes metálicos, anteriormente usados como propaganda de rua. Em algumas, furos de balas chamavam a atenção. A miséria e o perigo moravam juntos.

Subitamente, um policial que ia à frente retrocedeu abanando os braços. Vira algo suspeito? A câmera movimentou-se e aos poucos focou uma imagem. Um barraco vermelho.

— A casa — informou a repórter.

Os policiais, exibindo suas armas, aproximaram-se. Tensão.

José se mexia muito na cadeira. Sua mãe perguntou:

— Faz mal a você ver essas coisas?

— Faz. Não, não faz.

O cerco ao barraco foi demorado e cauteloso. A repórter chegava a ficar quase um minuto em silêncio. Os moradores afastaram-se, com medo da polícia. Passou um rapaz só de calção, pedalando uma bicicleta. Um dos policiais encostou o ouvido na porta. Em seguida, ergueu o polegar — positivo.

— Deve estar ouvindo choro de criança — informou a repórter.

Logo apareceu mais uma viatura.

— Quantas pessoas estarão com o bebê? — perguntou Bela.

— Uma — disse José.

— Só uma?

— Suponho — disse o menino.

Um policial forçou a porta com o ombro. Ela teria cedido com menos esforço. Uma moça bem-vestidinha apareceu com um bebezinho nos braços. Abriu um sorriso molhado de quem não tinha boa cabeça.

— De quem é essa criança? — perguntou o policial.

— Não sei.

— Você sequestrou ela?

Uma mulher gorda, com um lenço na cabeça, apareceu.

— Ela é doente — disse. — Não sabe o que faz.

— Quem mora com ela?

— Mora sozinha. Uma antiga patroa lhe deu o barraco e boas roupas. Mas precisa é de internação.

— Você tirou o bebê da maternidade? — perguntou o policial.

— Posso ficar com ele? — ela perguntou.

Logo tudo ficou esclarecido. Não se tratava de nenhum sequestro para conseguir dinheiro em troca ou fazer alguma vingança política contra o senador. Simplesmente o ato de uma demente, ex-faxineira da maternidade, necessitada de assistência médica.

José foi para o quarto. Au, que também assistira à reportagem, foi junto. No quarto, José explodiu:

– Adivinhei mais essa! Espero não ser metido em confusão. Mas até que foi mole, hein, Au?!!

"– Mole?"

– A maior parte dos sequestrados são encontrados em favela. Disse que a favela tinha nome de bicho porque sabia que muitas têm. Que foi uma doida a autora, também foi fácil adivinhar. Nenhuma pessoa "normal" faz isso. Quanto ao barraco vermelho... Bem, quanto ao barraco vermelho...

Bela abriu a porta.

– É a Fla.

Zé foi ao telefone.

– Eu.

– Viu a reportagem?

– Vi.

– Prepare-se para virar celebridade nacional.

– Vou ficar bem quietinho.

– Mas eles encontram a gente. A TV adora fazer barulho.

– Eu vou negar tudo.

– Vai mesmo?

– Direi que foi tudo chute.

– Acho que não vai ser fácil. E você, queira ou não, é uma sensação.

José voltou para o quarto e mergulhou nos estudos. Lia em voz alta para se concentrar. Mesmo assim estava difícil enfiar aquela lição na cabeça. Voltou para a sala apenas na hora do jantar. Todos estavam lá: seu Gregório, Márcio e o primo Emílio.

UM APELO EMOCIONADO

A TV ainda mostrava o sequestro. Dava *closes* na pobre moça, alheia, ignorando tudo. A filha do senador e a criança. O sorriso imenso do avô. Policiais recebendo cumprimentos. E a pergunta: como a polícia chegou até o barraco vermelho da Favela da Onça? Rogério Maciel apareceu na tela.

– Eu explico. Um garotinho e uma garotinha de uns 10 anos, estudantes, vieram aqui na Mundial me entrevistar. – E contou a história toda.

– Que garoto é esse? – perguntou a repórter.

– Não sei quem é nem onde mora. Mas não o troco pelos adivinhões que andam por aí.

– É uma pena.

– Só sei que o apelido da menina é Fla.

O apresentador, olhando para a câmera, fez um apelo emocionado a José. Que aparecesse. A TV desejava entrevistá-lo. O país todo desejaria conhecê-lo.

Quando José desviou o olho do aparelho, topou com o olhar da mãe.

– Conte tudo para nós, José.

– Contar o quê?

– Você é esse menino.

– Eu?

– A menina é a Fla.

Primo Emílio não entendia nada.

– Do que estão falando?

– O garotinho aqui presente é um grande adivinho – ironizou Márcio. – Até a televisão acredita nele.

– Bom, ontem ele adivinhou que o Guarani perderia de 3 – disse Emílio.

Seu Gregório fez uma cara bem séria.

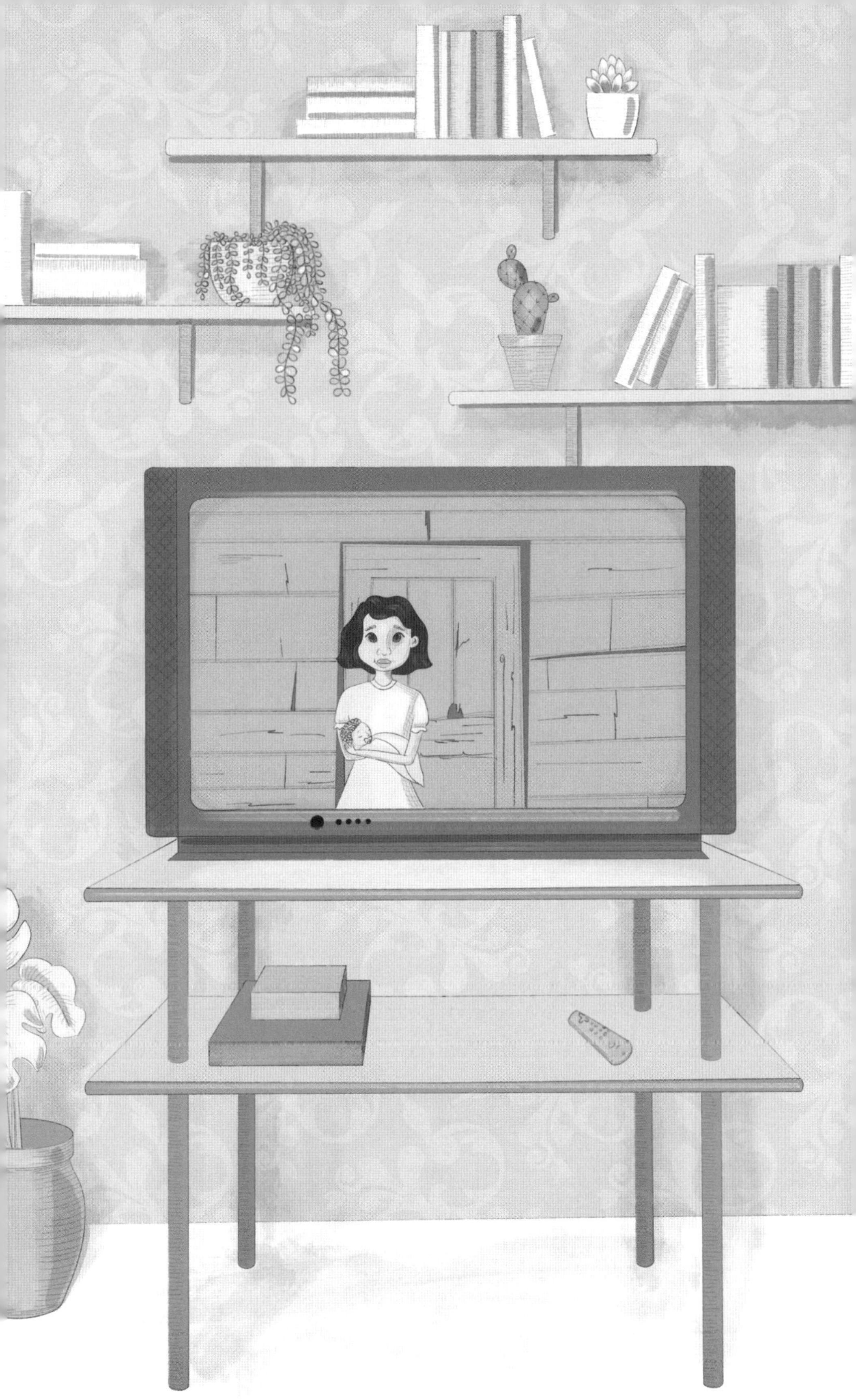

— Você conversou mesmo com esse ator?

— Conversei.

— E ele lhe pediu que adivinhasse onde estava o bebê?

— Pediu, mas eu disse que não adivinho coisa alguma.

— Mas disse que a criança estava numa casa vermelha da Favela da Onça?

— Com uma moça biruta.

— Então você adivinhou — concluiu o primo Emílio, com um estranho brilho no olhar.

— Eles estavam forçando, eu disse qualquer coisa. Mais para provar que acertei a outra vez, do helicóptero, por acaso. O que não quero é ficar adivinhando coisas na televisão. Virar mágico.

— Tem razão — disse o pai. — Não pode perder a paz aos 10 anos de idade.

— Mas ele é um adivinho... — rebateu Emílio.

— Um profetinha — preferiu Márcio. E prosseguiu, irônico: — Ele pode fazer o bem a muitas pessoas. Salvar vidas, dizer até quando o mundo vai acabar...

— Que horrível! — exclamou Bela. — Se você sabe, José, não diga.

— Estou com você, meu filho — garantiu o pai. — E não quero vê-lo como garoto prodígio de televisão.

Dona Elvira ficou comovida. O marido estava tão humano! Fez um afago em sua mão, emocionada.

José retornou ao quarto, aliviado. Protegido pela família, sentia-se um garoto normal, apenas com certa capacidade para adivinhar coisas. Antes de apagar a luz, Bela entrou. Precisava de alguma coisa?

— Comi demais, Bela.

— Posso fazer uma perguntinha?

— Faça.

— Você disse que o Giba, meu ex, apareceria para me falar em casamento. É verdade?

– Foi o que vi no momento.

– Era só isso. Boa noite.

Dona Elvira também apareceu para o boa-noite. Mas não foi a última pessoa. Já apagara a luz quando entrou o primo Emílio.

– Seu pai me convenceu. Você não deve virar adivinho. E muito menos de TV. Os produtores fariam de você um escravo. Continue sendo o menino que sempre foi. É assim que gostamos de você.

– Obrigado, primo.

– Não vou lhe aborrecer com pedidos de adivinhações. É chato. Mas uma coisinha queria saber.

– O quê, Emílio?

– Sabe que jogo no bicho, não sabe?

– Não sabia, primo.

– É proibido, mas às vezes preciso de um dinheirinho. Jogo principalmente às quintas-feiras. Amanhã é quinta. Só queria que me dissesse que bicho vai dar. Basta essa informaçãozinha. Nada de dezena, centena, milhar. Apenas o bicho.

Au olhou para José. Primo Emílio já queria comercializar o dom do menino. Coitado. José também olhou para Au. Um parecia entender o outro.

– Está querendo dizer que vai dar o cachorro?

– Acho muito feio fazer adivinhações que envolvem jogos, primo.

– Mas se desse uma dica, seria o cachorro?

– Nem sei que número é cachorro no jogo do bicho.

– Melhor, assim não se sentirá culpado de nada.

– Pode ser.

– Então vai dar cachorro?

– Nunca tive certeza de nenhuma adivinhação.

– Mesmo assim acerta em cheio.

– É o que dizem.

– Obrigado, Zé.

— Vai jogar no cachorro, mesmo o jogo sendo proibido? Eu não arriscaria.

— Amanhã lhe digo se joguei ou não — disse primo Emílio, saindo em passo de urubu-malandro.

— Se eu fosse ele, não jogaria — disse José a Au. — Mesmo se tratando de um animalzinho tão simpático.

SEU GREGÓRIO NA DELEGACIA!

Na manhã seguinte, no colégio, só se falou da tal criança. José disfarçava o mais que podia. Falaram no nome de Fla, mas ela fingiu que não sabia de nada. Depois, outro assunto tomou conta das conversas, o sorteio do Coelho da Fortuna. As professoras mostravam grande interesse.

À tarde, a família teve uma péssima notícia. Telefonaram da delegacia. Um delegado solicitava a presença de seu Gregório. Ele jamais entrara num distrito policial. O que acontecera? Teria Márcio se envolvido em alguma briga? Ele era desses que não levam desaforo para casa.

— O que aconteceu, doutor?

— Tivemos de detê-lo. Reagiu à prisão, machucou um guarda.

— Márcio?

— Não, o nome dele é Emílio.

— Pensei que fosse algo com meu filho. É um sobrinho de minha mulher. O que ele fez?

— Contravenção penal.

— Contravenção?

— Jogo do bicho.

— Nunca soube que tivesse algum ponto de jogo.

— E não tem. Apenas jogou. Ia receber o dinheiro quando chegamos.

— Tinha ganho?
— Uma bolada.
— O que vai acontecer com ele?
— Não ficará preso, como o bicheiro, mas, da próxima vez...
— Obrigado. Se houver alguma multa, eu pago.

Emílio saiu da delegacia de cabeça baixa. Seis horas numa cela superlotada! Mas o pior foi não ter recebido o dinheiro. Jamais ganharia tanto como naquele jogo.

— Cachorro.
— Ora, o delegado até que foi bom.
— Disse que joguei no cachorro. Em todas as combinações.
— Que certeza!
— Me deram a dica, tio. A do cachorro.
— Quem?
— José. Ele é mesmo um profetinha.
— Ele disse assim: "Jogue no cachorro"?
— Assim, não. Sugeriu.

Quando voltaram para casa, todos já sabiam que nada acontecera com Márcio; o caso só podia ser com Emílio. Ele entrou humilhado.

— Jogo do bicho — disse seu Gregório. — Da próxima vez é cadeia brava.

— Um futuro empresário se sujando assim? — perguntou Márcio, brincando.

— Eu tinha a dica de um grande adivinho.

— Ele jogou no cachorro porque quis — disse José. — Aposto que não deu.

— Deu — respondeu Emílio. — Um bom dinheirinho. Quando ia pôr a mão nele, me prenderam.

— E não recebeu? — perguntou Bela.
— E não recebi.
— Eu disse que no seu lugar eu não jogaria, lembra? — disse José.
— Não. Eu só me fixei no cachorro.

Quando ficou só com sua mulher na copa, seu Gregório murmurou:

— Até em jogo o menino acerta.

Ela, que tinha sobre a mesa uma propaganda do Coelho da Fortuna, atrapalhou-se com as mãos e com as palavras.

— É... parece mágica. Eu não sei o que dizer.

— Será que ele acertaria qualquer jogo?

— Sei lá — dona Elvira fez um muxoxo, levantando os ombros.

— O do Coelho, por exemplo.

— Tire isso da cabeça, tá?

— Mas quem teria mais chance? Ele ou nós?

A pergunta ficou vibrando no espaço, tinindo em todos os copos e metais da copa. Ele ou nós? Ele ou nós? Ele ou nós?

UMA CONFUSÃO DANADA NA ESCOLA

Os jornais noticiaram que um menino mago orientara a reportagem policial para a Favela da Onça, onde o neto do senador fora encontrado. O ator Rogério Maciel mencionara o acidente com o helicóptero, também previsto pelo mesmo garoto. Um dos jornais estampou uma espécie de retrato falado dele e da menina. O mandão da TV Mundial, amanhecendo na emissora, para surpresa geral, exigiu que o menino fosse encontrado a todo custo. Talvez tivesse uma ideia para explorar comercialmente aquele belo dom divino.

A par dessa movimentação toda, ouvindo o rádio do carro, seu Gregório imaginava seu filho transformado numa caixa registradora por um desses donos de redes de televisão. Emílio, muito menos importante, já tentara. Bem feito, quase fora preso. Se José tivesse de beneficiar alguém, só poderia ser... Era evidente. Imaginou um plano. Esconder o garoto numa chácara próxima. Ia passar a sugestão a Elvira. Bastaria

José adivinhar cinco dezenas e a vida deles se tornaria um mar de rosas, como se dizia antigamente.

O rádio passou a transmitir outra notícia. Uma senhora de 80 anos de idade, que sofria de amnésia, perdera-se de seus familiares num *shopping* e estava desaparecida há 24 horas.

José chegava ao colégio. Notou de longe que havia muita gente à entrada e um caminhão. Ao chegar mais perto, percebeu que era uma unidade móvel da TV Mundial. O que estaria acontecendo? Um incêndio no colégio? Antes de chegar ao portão, foi cercado e levou o maior susto.

– Lembra de mim? – era Dinovam, o rapaz que acompanhava Rogério na galeria.

– Lembro.

– Foi uma luta localizar você! Tudo bem?

– Vieram aqui por minha causa?

– Todos querem conhecer você.

Fla surgiu e abraçou José, como se quisesse protegê-lo daquela curiosidade toda. Ele estava assustado.

– Agora vou ter aula.

– A gente não pode conversar?

– Estou em cima da hora – disse.

Uma das câmeras focalizara José desde que aparecera na rua. Ele e Fla entraram no colégio correndo, sob os olhares de dezenas de alunos. Na classe, dona Renata lançou um olhar de reprovação.

– Que tumulto você está causando?

– Eu não fiz nada.

– E esse negócio de adivinhação?

– José não tem culpa de ter adivinhado onde estava a neta do senador – protestou Fla.

– Mas veja o alvoroço que provocou – disse ela, apontando as janelas, nas quais alunos do pátio se agrupavam e se apertavam para ver José. – Pelo jeito não teremos aula hoje.

Houve aula, sim, mas prejudicada pelo interesse que José subitamente despertara nos alunos. Muitos olhavam-no como se fosse um deusinho, outros faziam pilhérias ou lhe atiravam bolas de papel. Nenhum, porém, parecia disposto a prestar atenção na professora. A única pessoa solidária era Fla, embora também assustada.

Com a TV rondando, nem saíram para o recreio. No final do período, deixaram juntos o colégio, seguidos por centenas de uniformes.

Dinovam aproximou-se outra vez.

— Ninguém quer fazer mal a vocês.

— Então, deixem a gente ir — pediu José.

— Não gostaria de trabalhar num programa?

— Não.

— Uma única vez por semana.

— Você não percebeu o que houve aqui hoje? Ninguém estudou. A professora me culpou de tudo. Posso até ser expulso.

— Então, dê uma entrevista — pediu Dinovam.

— Não tenho o que dizer.

— Você tem visões?

— Não tenho visões nem ouço nada. Só digo o que me vem na cabeça.

— O que você diz dele? — perguntou Dinovam a Fla.

— Ele é um menino como qualquer outro.

— E, com licença, que vamos embora — ele acrescentou.

José e Fla afastaram-se às pressas.

— A escola estava virando uma bagunça — comentou Fla.

— Notou a inveja dos colegas?

— Toda pessoa famosa é invejada.

— Sabe, estou me sentindo aliviado. Que gente chata, essa da TV. Estava me sentindo numa jaula.

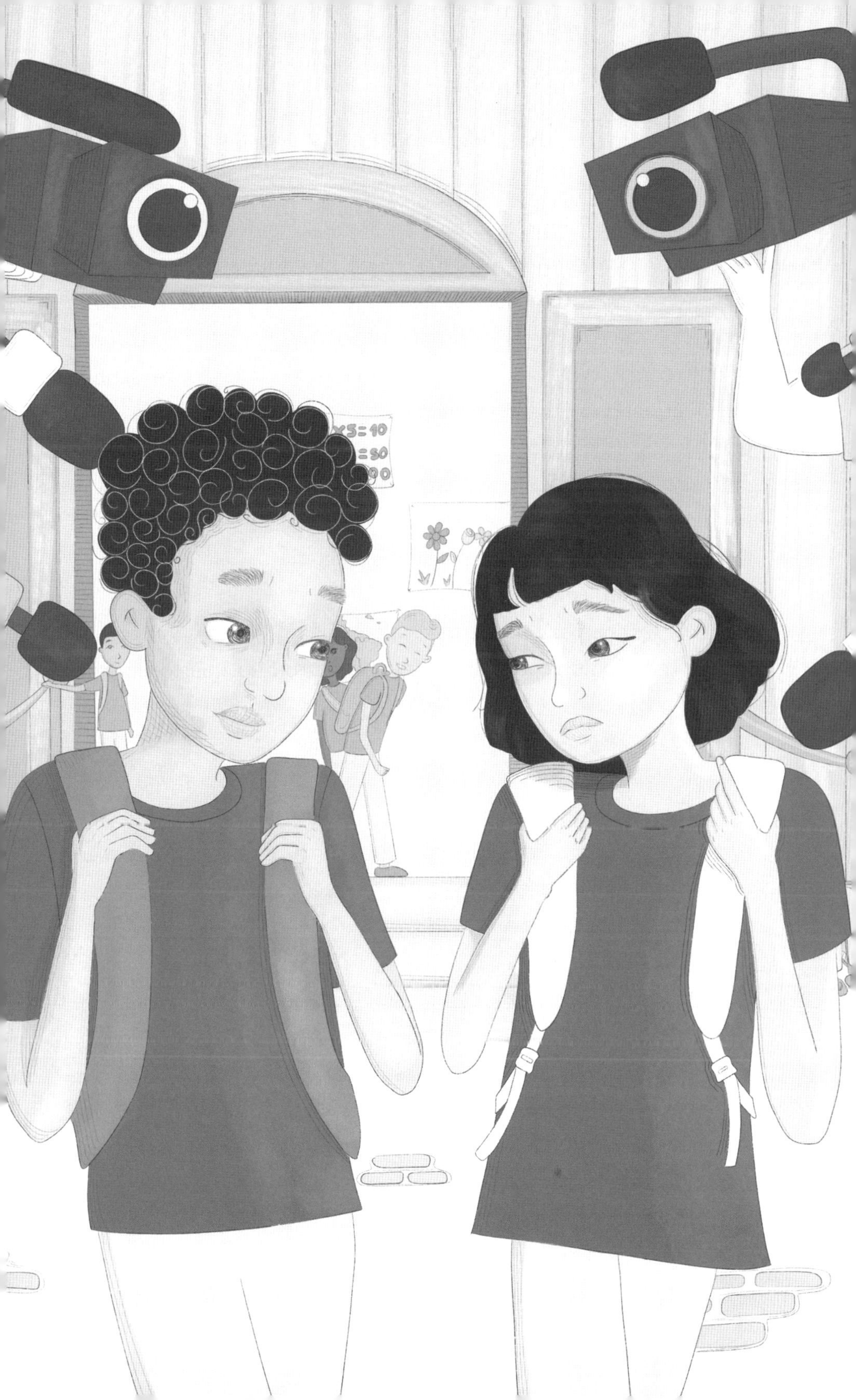

A TV QUER NOVO *SHOW*

Na hora do jantar, quando a família já sabia dos acontecimentos na escola, tocaram a campainha. Dona Elvira foi atender. Era uma equipe da televisão. Dinovam e mais dois funcionários queriam conversar com os pais de José. Seu Gregório pediu ao filho que fosse para o quarto e, junto com dona Elvira, foi receber os visitantes. Márcio não sentiu a menor curiosidade; tinha um encontro com a namorada. Primo Emílio quis participar do papo, mas foi barrado.

– Eu e o Zezinho poderíamos formar uma dupla na TV – disse para Bela.

– Mas ele não quer adivinhar mais nada.

– E daí? Eu adivinho.

Bela foi chamada para servir café e água gelada. A conversa foi longe. Três horas depois, seu Gregório entrou no quarto de José. Parecia bem.

– Já foram embora, pai?

– Não, ainda estão aí.

– Eu não quero trabalhar na TV.

– Já se conformaram. Eles só querem uma cooperação. Até mencionariam algumas vezes o nome de minha empresa...

– O que eles querem?

– Sabe o que é amnésia?

– É uma doença que faz as pessoas esquecerem tudo...

– Até o próprio nome... Coitadas.

– Algum conhecido está com essa doença?

– Não, uma senhora de 80 anos de idade que se perdeu no *shopping*. A família, a TV Mundial, a polícia, os bombeiros, ninguém está conseguindo localizar essa mulher. Você imagina como ela está sofrendo?

– Pai, estou sabendo disso agora...

– Você localizou o netinho do senador.

— Mas também não me preocupei com ele. Acho os bebês muito chatos. Apenas disse onde ele estava.
— A Mundial quer que você adivinhe onde está essa senhora.
— E amanhã, o que terei de adivinhar?
— Prometeram que será só esse caso.
— Quando isso, pai?
— Pode ser agora. Eles têm uma câmera lá embaixo.
— E se eu não adivinhar?
— Estará livre para sempre deles.
— Está certo.
— Então, vamos descer.
À saída, Au manifestou-se:
— Au.
Era aprovação ou não.

A VELHINHA DESAPARECIDA

Câmera, luzes, ação. Estavam todos sorridentes, inclusive seu Gregório, que já passara o nome e o endereço de sua empresa para Dinovam.
— Está bem, Zezinho? – perguntou dona Elvira.
Ele nunca adivinhara nada sob aquele calor e aquela pressão. Serviram-lhe água. Quis saber exatamente o que acontecera. A mulher chamava-se Deolinda. Já fugira uma vez e ficara quase um ano desaparecida. Não lembrava o endereço, os nomes dos parentes, a cidade onde morava. Mostraram-lhe um retrato. Ele não se interessou. Não ajudava em nada.
— Acha que já pode, filho?
— Eu não sei.
— Como não sabe?

— Não sei.
— Das outras vezes não sentiu alguma coisa?
— Já disse muitas vezes que não. Abro a boca e falo.
A câmera já estava ligada.
— Fale quando quiser — disse Dinovam.
— Bem, eu vou falar — anunciou Zezinho. — Acho que ela está trabalhando num barracão. E muito alegre. Gosta muito de cores. A turma está gostando dela.
— Que turma? — perguntou Dinovam.
— Gente bacana, brincalhona. Mexem com fantasias. Tem algo a ver com saci. Muitos sacis de uma perna só.
— Estão fazendo fantasias? — insistiu Dinovam.
— Ela é boa de máquina de costura. Há também um enorme carro enfeitado, brilhante.
— Carro alegórico?
— Sei lá. Acabou.
— Ela está trabalhando numa escola de samba? Pode ser. O Carnaval está aí. Quer dizer mais alguma coisa?
O menino bocejou. Estava quase dormindo. A mãe teve de levá-lo para o quarto.

O PROFETINHA E A FAMÍLIA FOGEM PARA A PRAIA

No dia seguinte, a professora perguntou a José antes que ele entrasse na classe:
— Aquela gente da TV virá hoje fazer rebuliço?
— Não, professora. Eles estiveram na minha casa.
— Ainda bem.

Ao voltar para casa, José recebeu uma visita importantíssima. O próprio senador, mulher e filha foram conhecer o salvador do bebezinho. Foi uma cena de muitos beijos, abraços e sobretudo de fotos. O senador estava empenhado em documentar que era homem grato, sentimental, amigo do povo.

— Mentem os que dizem que só me preocupo com votos — falou, como se estivesse fazendo discurso.

À tarde, estourou a bomba. A desmemoriada Deolinda foi encontrada costurando fantasias carnavalescas numa escola de samba cujo desfile teria como tema os sacis. A gravação feita com o menino adivinho era transmitida em todos os intervalos. E a TV a cabo noticiara o fato praticamente ao vivo.

O telefone começou a tocar sem parar. Seu Gregório desligou-o. Não havia outra coisa a fazer. Depois, a campainha. Por uma fresta da cortina, viram gente que desejava conhecer o profetinha pessoalmente, tocá-lo, pedir que adivinhasse coisas.

Como o Carnaval estava próximo, seu Gregório, dona Elvira e o menino partiram para o litoral, onde tinham um apartamentozinho. Voltariam na quinta-feira. Bela, Emílio e Márcio ficaram. A quem procurasse pelo adivinho, diriam que ele e os pais haviam se mudado para o interior.

Além dos desfiles das escolas de samba, o que a TV mais mostrou naqueles dias foi a entrevista com José e *flashes* da pobre senhora trabalhando na confecção de fantasias. A família preferiu a praia e os passeios. À distância, pai e mãe perceberam um grupo de conhecidos, mas os evitaram. Num restaurante, uma mulher aproximou-se da mesa para perguntar se José era o menino adivinho. Quando lhe responderam que não, lamentou:

— Que pena! Queria que ele me dissesse quais dezenas serão sorteadas no Coelho da Fortuna.

Quando ela se afastou, seu Gregório impôs:

— Não diga as dezenas para ninguém. Cada um que fique com a sorte que Deus lhe deu.

Na quinta-feira, regressaram a São Paulo, mas somente na segunda José apareceria na escola. Muita gente o procurara naqueles dias, apesar do Carnaval. Bela cansou de dizer que a família se mudara.

Primo Emílio, porém, tinha ideias.

— Eu poderia ser empresário do Zezinho — propôs.

— Meu filho não é artista — respondeu a mãe.

— Adivinhar também é uma arte...

— Se é um dom de Deus, não pode ser comercializado — disse dona Elvira. — Não acha, Gregório?

— A não ser em caso muito especial... — ponderou o marido.

A DURA VIDA DE UM ADIVINHO

A volta à escola não foi fácil. Até dona Adelaide, do quarto ano, já estava convencida de que José adivinhava as coisas. Ele era uma atração o tempo todo, e aonde ia formava-se uma roda de alunos em torno dele. Queriam que explicasse como fazia para adivinhar, e ele tinha de ficar repetindo o tempo todo que não sabia. Mas nenhum colega o convidava para as brincadeiras do pátio, como se fosse um adulto ou um ser especial. Brincar com um adivinho, profetinha, era esquisito. Uma menina ruiva aproximou-se e disse que, embora ele fosse um santo, gostaria de ser sua amiga.

— Eu não sou santo.

— Pode ser que seja e não saiba.

— Quer que eu prove que não sou?

— Como?

Ele encostou a boca no ouvido dela e disse um palavrão.

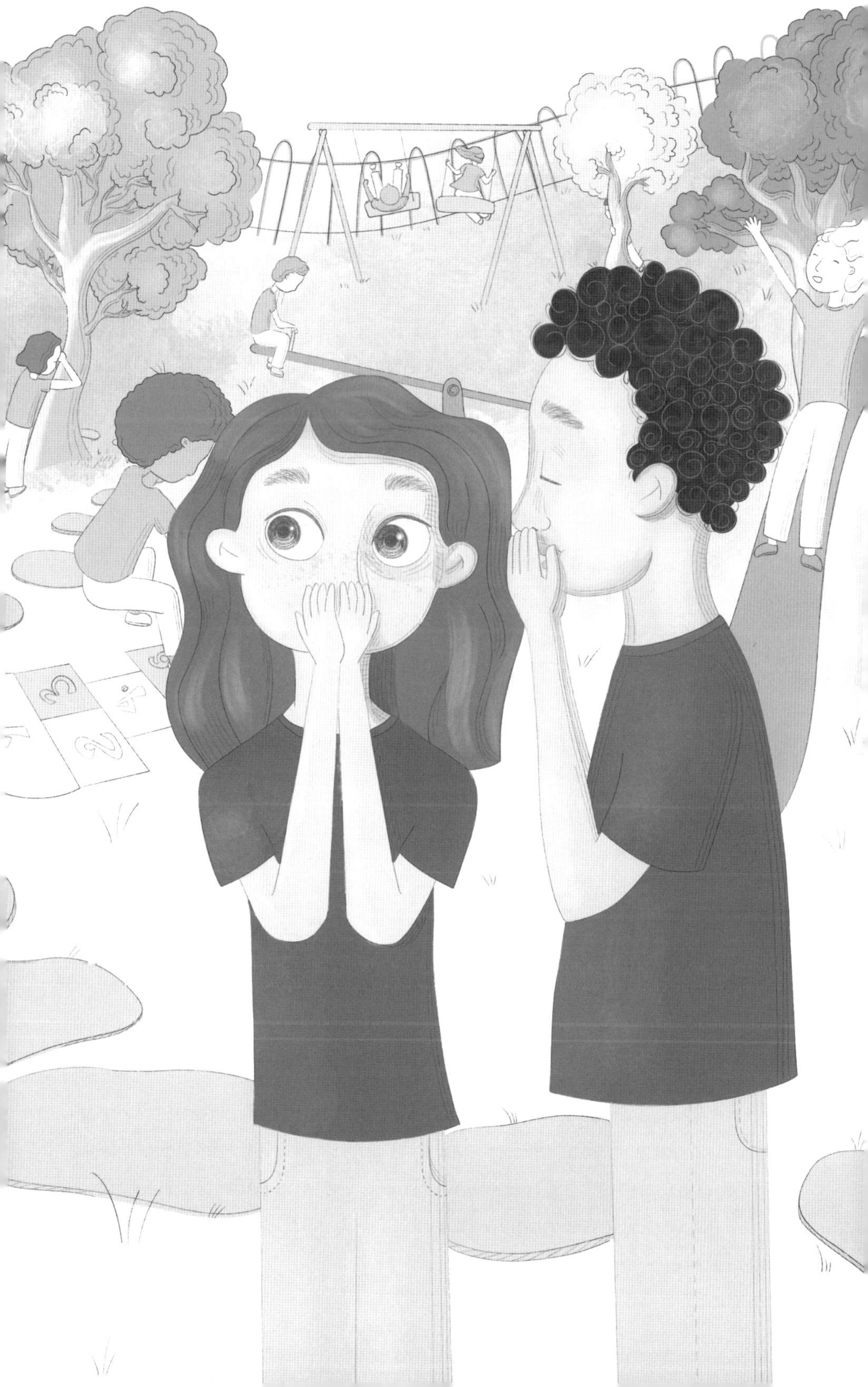

— Zé, que feio!

— Fale à sua mãe o que eu disse.

Para desafiar o adivinho, alguns meninos, quando ele se distraía, escondiam seus livros e cadernos. Que adivinhasse onde os escondiam. Ele simplesmente informava a professora do sumiço, sem encarar o desafio.

Dona Elvira, durante alguns dias, o levava à escola e ia buscar. Fazendo cara de brava, impedia que muitos se aproximassem.

Às vezes, a pressão maior era em casa. Primo Emílio sempre tinha uma boa ideia para ganhar dinheiro com as adivinhações.

— Fui procurado por alguém do partido de um candidato. Ele quer que nosso Zezinho declare: Fulano de Tal será eleito governador. Vocês ganharão uma nota preta e eu um emprego público.

— Isso é desonesto — disse o pai de José.

— Acha que sim? — espantou-se Emílio.

Outras coisas piores viriam. Tudo que acontecia de bom ou de mau no país, diriam que o menino Zezinho já adivinhara. Uma ponte que desabou, uma enchente no Sul, a queda de um ditador asiático, a morte inesperada de um político. Talvez surgissem alguns clones dele fazendo profecias. Cada cidade teria o seu Zezinho, um mais desonesto que o outro, capaz de ganhar muito dinheiro para suas famílias.

— Há um jeito de evitar que nosso filho viva tão assediado, Elvira.

— Qual?

— Mudando-nos para o exterior.

— Temos dinheiro para isso?

— Se ganharmos o sorteio, teremos.

Essa sugestão já estava no ar. Era só agarrá-la.

— O que dirão se a família de José ganhar essa fortuna...? — perguntou dona Elvira, escorregando a língua numa reticência. Nesse momento, primo Emílio entrou na sala e fez uma cara de malandro.

— Eu posso receber a bolada. Ninguém dirá que sou primo do Zezinho.

O QUE ACONTECEU? NEM EU, O AUTOR, ESTOU ENTENDENDO

Na semana da Páscoa aconteceu o pior. José fora à escola sozinho e já estava de volta quando uma bola colorida, de mais de 80 quilos, aproximou-se, rolando. Era uma mulher gorda, cheia de dentes e colares, usando um vestido com motivos florais. O resto era um perfume forte de jasmim. Segurou-lhe o braço com dedos e unhas.

— Você é o Zezinho, não? — perguntou, aflita.
— O que a senhora quer?
— Minha filhinha sumiu. Me ajude.
— Me largue. Não adivinho mais nada.
— Não tem pena da infeliz?

Havia um carro velho parado. Já notara aquele lixo ao sair da escola. Dele saiu um homem pequeno, cabeludo, com cara de valentão. O baixinho que enfrenta os maiores. Em toda classe tem um.

— Ele adivinha? — perguntou à gorda.
— Mas não quer salvar a coitadinha.
— Ora, é um minuto só.

Quando deu por si, José já estava sendo metido no carro. Quem dirigia era um jovem, de quem só via a nuca e os cabelos. Logo na primeira curva, mostrou habilidade no volante e na reta oposta foi ultrapassando os carros que estavam na frente. Podia ser uma família desesperada com o desaparecimento de uma menina, mas José estranhou quando o homem lhe enfiou um saco escuro na cabeça.

— Que é isso?
— Apenas para não ver aonde está sendo levado. A gente chega logo.
— Mas o que vocês querem? — perguntou o menino com a voz abafada.

— Saber onde está uma menina.

— Me tirem isso, que adivinho.

— Espere chegarmos em casa.

A viagem não foi curta, durou uma hora ou mais. José sentia que estavam na periferia, ruas sem asfalto, muito esburacadas, latidos de cachorros, muitas curvas, subidas e cheiro de esgoto. Depois o carro parou e entrou, rangendo, em alguma garagem. Foi retirado dele ainda encapuzado. Pisou um assoalho. Esbarrou numa cadeira. Penetrou noutro cômodo e fizeram com que se sentasse numa cama. Então arrancaram-lhe o capuz. O rosto estava molhado de suor. Foi um alívio.

Era um quartinho com duas camas, uma mesinha e um modesto guarda-roupa. José ainda respirava com dificuldade. O rapaz trouxe-lhe um copo de água gelada. Virou, morto de sede.

— Você será bem tratado — disse o homem.

— Quando a menina sumiu?

— Não sumiu nenhuma menina — respondeu o sequestrador.

— Não?

— Não.

— Então, por que me pegaram?

— Pra fazer uma adivinhação — informou o cabeludo. — Coisa fácil. Você está acostumado. Aquela sua da moça biruta da favela foi ótima.

— Nem sempre acerto, sabiam?

— Acerta, sim, você é o máximo!

José olhou os três, só as caras. O baixinho fazia uma careta, toda em ângulos, para assustá-lo; a gorda procurava amenizar a situação com um meio sorriso; e o rapaz, pouco mais velho que seu irmão Márcio, parecia feliz por estar participando de uma aventura.

— O que querem que eu adivinhe?

— Bem, terá tempo até sábado, quando se encerra.

— Mas do que se trata, por favor?

— Coisa simples, vai dar certo.

— O quê, por favor?

— Bastará ganhar o sorteio do Coelho da Fortuna. Apenas cinco dezenas. Não tem problema.

Era o que seu pai insinuava que ele fizesse.

— Isso não é simples.

— Pra você é, queridinho — disse a mulher.

— Bem, eu dou as dezenas. Vocês me soltam em seguida?

— Soltaremos depois de receber o dinheiro na segunda-feira — disse o baixinho sinistro.

— Minha mãe vai morrer de desgosto.

— Ela não é a primeira a ter seu filho sequestrado — lembrou a gorda.

— Eu nem sei como é esse concurso.

— Já disse, você enumera cinco dezenas. O resto quem faz é o computador — explicou o baixinho.

— Milhões de pessoas vão concorrer — disse José, na esperança de desanimá-los.

— Disso não temos dúvida, garotinho. A gente concorre, ganha uma nota e depois pode até ganhar mais ainda numa corrida de coelhinho que haverá no estúdio.

— Vai ser muito divertido — disse a mulher.

— Quando devo adivinhar?

— É cedo ainda. Queremos que faça a adivinhação bastante descansado. Calma, muita calma. O que você quer comer? Temos peixe, virado, bolinhos... Sou boa cozinheira.

Eu não quero comer.

— Vamos trazer a comida, sim. E refrigerante geladinho. Está calor. Considere-se nosso hóspede. Está numa pensão. Qualquer necessidade que sentir, bata na porta. Está entre amigos, gente muito boa.

José estendeu-se na cama. Era dura. Fazia muito calor e sentia um cheiro de mofo. Pensou na família, com certeza já preocupada com sua ausência. Foi para a janela, que tinha venezianas cerradas. Encostou o ouvido nelas. Ouviu a voz da gorda. A janela dava para o interior da casa. Não era por ela que conseguiria fugir.

Procurou se concentrar nos ruídos distantes que chegavam ao quarto. Ouviu buzinas, um canto de galo, uma serra, pássaros e, num rádio, uma música antiga do gênero que Bela gostava muito. Depois de algum tempo, a gorda entrou trazendo uma bandeja com um prato bem cheio, um copo e uma garrafa de refrigerante. Vinha sorrindo.

— Caprichei bastante porque sei que é um menino muito bem tratado. Aqui, fome você não vai passar, queridinho. Um dia, quando tiver passado tudo, você talvez até queira almoçar conosco outra vez.

José conseguiu comer algumas colheradas. Quanto ao refrigerante, tomou-o de uma única vez, com a boca seca.

O baixinho, retornando com a mulher, perguntou se ele queria ir ao banheiro. Aceitou. Precisava conhecer melhor a casa. O banheiro era um cubículo escuro, com a janela fechada. Devia ser uma daquelas residências da periferia com quintal e, às vezes, jardim na frente. Um cachorro, distante, latia. Lembrou-se de Au. Aí quase chorou. Voltou para o quarto. Engoliu mais umas colheradas diante da gorda.

— Por que querem ganhar o prêmio? — perguntou.

— Precisamos muito de dinheiro — disse ela. — Estamos numa pior, com muitas dívidas, e eu estou doente. Não parece, mas estou. Não somos bandidos, queridinho. Tenho cara disso? Meu marido tem? Somos gente honesta. Ajude a gente, que não vai se arrepender.

— Vocês não têm medo de cadeia? — perguntou o menino.

— Coma; isso é problema nosso — disse o baixinho.

— Eu acho que vocês vão ser presos.

A gorda temeu que se tratasse de uma adivinhação. Mas o baixinho interferiu, bruscamente:

— Você veio aqui para adivinhar uma coisa só. As dezenas do Coelho da Fortuna. Agora, coma!

José não quis comer mais nada. O pensamento estava todo na família.

— Às 10, nós o levaremos outra vez ao banheiro — disse a gorda.

Quando eles saíram, José espichou-se novamente na cama. O que fazer? Adivinhar mesmo as dezenas do sorteio?

À ESPERA DE UM TELEFONEMA

Vendo que o filho demorava, dona Elvira foi à escola. José assistira às aulas e saíra. Perguntou por ele aos porteiros. Um deles vira o garoto conversando com uma senhora gorda. Telefonou para a casa de Fla.

Ela, muito resfriada, febril, não assistira à última aula. Telefonou para o marido enquanto pedia a Emílio que desse uma volta à procura de José. Seu Gregório chegou assustado. Em seguida, voltava Emílio. Nem sombra do menino.

— Pode ser que o pessoal da Mundial o tenha levado, tio. Para entrevistá-lo.

— Vamos ligar para lá.

O pai falou com o telejornal e com diversos produtores. José não estava na emissora. Os dois correram para a delegacia do bairro. Não sabiam de nenhuma criança atropelada naquela amanhã. Poderia ser sequestro. Nesse caso, logo receberiam um telefonema informando as condições do resgate.

— Pensam que sou rico? — perguntava-se seu Gregório.

— Zezinho tornou-se um menino valioso, por isso pedirão muito dinheiro.

— Dinheiro que nunca tive.

— Vamos precisar da Mundial. Sem mídia não se consegue nada neste país. Telefone dizendo que o menino foi sequestrado.

Menos de uma hora depois, chegava um repórter e uma equipe técnica. Dona Elvira fez a primeira declaração. Até então somente sabiam que ele conversara com uma mulher gorda perto da escola. Alguém ao telefone. Uma onda de esperança. Voz de mulher.

— Aqui fala uma pessoa que mora na mesma rua do colégio. Meu filho também estuda lá e me disse que ele desapareceu. Conheço José por causa do barulho que a TV fez. Parece tão bonzinho...

— Mas a senhora sabe de alguma coisa?

— Ele entrou num carro com uma mulher gorda e um homem cabeludo.

— Tomou nota do número do carro?

— Sou míope, infelizmente.

— Que marca de carro?

— Só sei que estava caindo aos pedaços.

— Que cor?

— Verde ou coisa assim. Nunca vi carro tão desbotado.

— Seria capaz de descrever a mulher gorda ou o homem?

— Não. Vi à distância. Espero ter contribuído.

— Obrigada – disse dona Elvira, desligando o telefone.

Antes de anoitecer, a Mundial começou a veicular as primeiras notícias do possível sequestro. Para caracterizá-lo só faltava o telefonema da quadrilha. Aí o telefone começou a tocar. Jornalistas e radialistas querendo notícias. Emílio fez outro passeio pelo bairro. Um policial veio para estar presente e gravar a voz dos bandidos quando telefonassem. Disse que nem sempre os sequestradores se apressavam em pedir o dinheiro do resgate. Muitas vezes, para deixar a família ainda mais insegura, demoravam dias.

À noite, cessaram os telefonemas. Seu Gregório só ouvia o choro de dona Elvira. Até o Au estava abatido, sempre com os olhos no telefone. Lá pelas 11, seu Gregório disse:

— Hoje não telefonarão mais.

— Pode ser que tenham se assustado com as notícias da TV – disse dona Elvira. – E soltarão o menino. Não acha, Gregório?

— Adivinho é nosso filho, não eu.

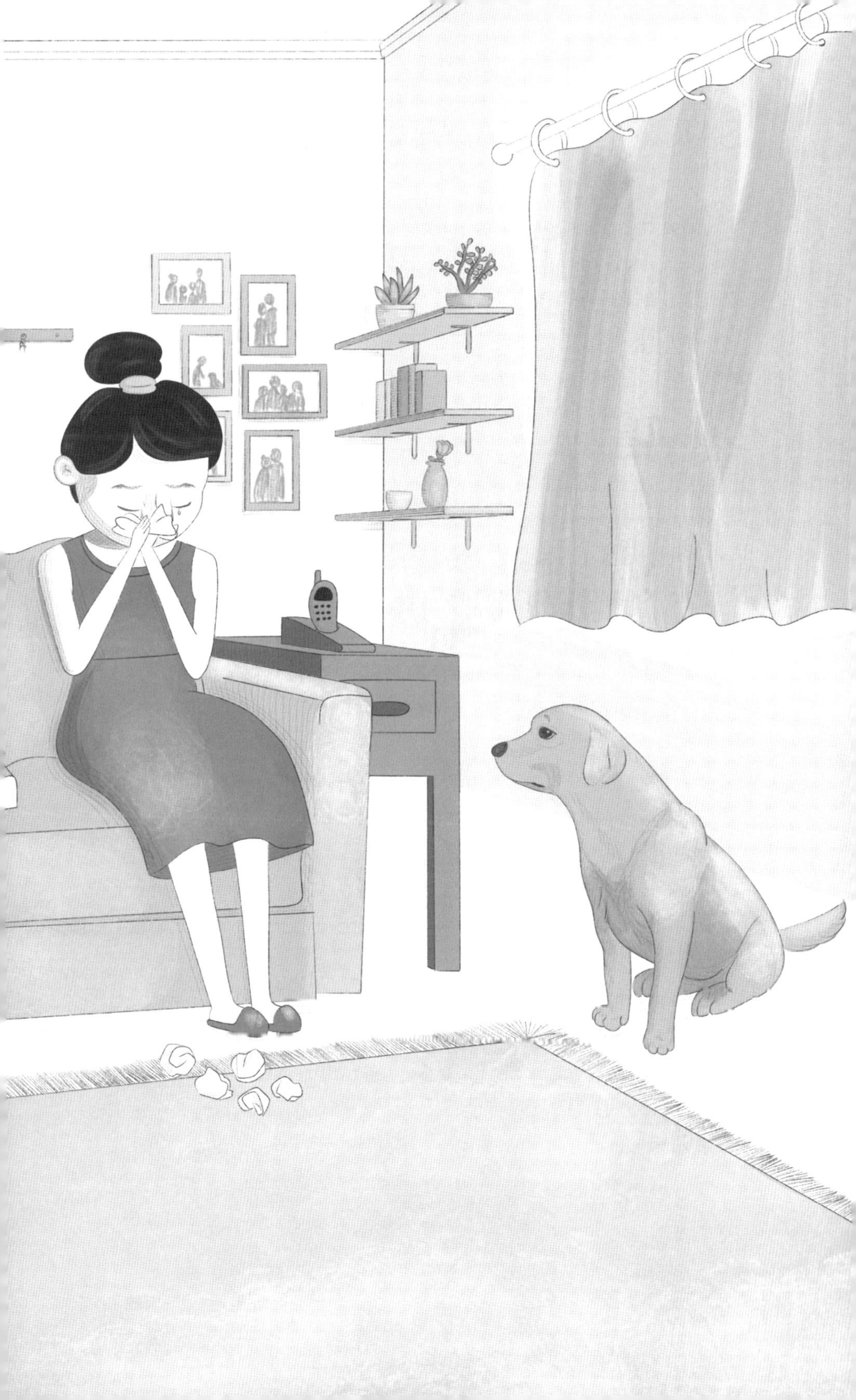

GATOS E PENSAMENTOS

José não conseguiu dormir, tantos eram os pensamentos.

O que sua família estaria fazendo? Já chegara à escola a notícia de seu desaparecimento? E Fla, estaria muito preocupada?

Jamais passara uma noite inteira acordado. Não a julgava tão comprida e cheia de silêncios. No entanto, cada ruído, perto ou no infinito, parecia significar alguma coisa. Ouviu uma voz e passos que só poderiam ser de um bêbado. Miados de gatos. A noite é toda deles. E, de vez em quando, um carro. Imaginava então que vinham libertá-lo. Mas os carros passavam e nada acontecia. Ouvia também passos no interior da casa. E palavras que não conseguia entender. Os sequestradores também estavam inquietos.

Amanheceu. A luz sempre encontra por onde penetrar. Já havia alguma claridade na janela quando entrou a gorda trazendo café, leite e pão com manteiga. O rapaz apareceu à porta para bloquear a saída, se José tentasse fugir. Ela sorriu.

— Passou bem a noite?

José não respondeu, fez outra pergunta:

— Vocês já se comunicaram com meus pais?

— Para quê? Não queremos o dinheiro deles — disse a mulher. — Seu pai é um trabalhador. Queremos o dinheiro do sorteio, que não pertence a ninguém.

— Eu já disse, acertei aquelas coisas por acaso. Tudo onda da TV.

— Por acaso acerta-se uma única vez.

— Mas o povo fala de adivinhações que não fiz. Essa do trem que caiu no rio... Eu não previ isso. Pode ter sido outro menino.

— Tome o café. Está ótimo. Quer mamão? Eu trago.

— A televisão já deu alguma notícia?

— Já.

— Quando ela se mexe, a polícia prende os sequestradores — lembrou o menino. — Sempre é assim.

A gorda fingiu não prestar atenção.

— Vou deixar isso aqui.

Eram anúncios coloridos do Coelho, um papel e uma caneta esferográfica.

— Se quiser já ir pensando...

— Vou pôr qualquer número.

— Não faça isso, queridinho. Se a gente acertar, daremos uma parte a seus pais. Está lidando com gente bem-intencionada.

— Vocês me prendem aqui e são bem-intencionados?

— Somos apenas vítimas das circunstâncias.

— O que quer dizer isso?

— Quer dizer que nem sempre somos culpados das coisas. Os fatos nos obrigaram.

— Vocês já sequestraram outras pessoas?

— Não, a gente não entende nada disso. Meu marido é metalúrgico, está desempregado.

— E o outro?

— É um sobrinho nosso. Rapaz muito bom. Faz música.

José estava suado e exausto pela noite sem dormir. Pediu para tomar um banho. Precisava se refrescar para pensar melhor. A gorda permitiu. Foi levado ao banheiro pelos três sequestradores. Demorou o mais que pôde no chuveiro. Saiu da ducha mais revigorado e com uma ideia na cabeça.

— Podiam trazer uma televisão?

— Pensa que está num hotel? — reagiu o baixinho.

— Eu assisto televisão o dia inteiro — disse o menino. — É muito chato ficar aqui sem fazer nada. Por favor. Assim não vou conseguir adivinhar. Preciso me distrair, entendem?

Uma hora depois, o rapaz trouxe um televisor pequeno.

— Obrigado — agradeceu José. — Eles não são seus pais, não?
— Não.
— O baixinho contratou você porque sabe dirigir e ele não.
— Na mosca, garotinho.
— Se fosse você, caía fora. A polícia pode chegar a qualquer momento.
— Está querendo me assustar, garoto?
— Se duvidar, me peça que adivinhe qualquer coisa.

O cara riu.

— Pode ser sobre futebol?
— Pode.
— O resultado do jogo desta tarde, Corinthians e Flamengo.
— 1 a 1.
— Já acertou alguma vez?
— Muitas.
— Bem, tenho que ir.
— Você vai dar o sumiço?
— Tchau, garoto.

José ligou a televisão. No primeiro intervalo, um *flash* do jornal noticiava o desaparecimento do profetinha. Um popular, entrevistado, disse que tinha certeza de que era um golpe publicitário. O menino devia ter um empresário espertalhão. Mas os pais do garoto continuavam desesperados. Nenhum telefonema dos sequestradores ainda. E como pista apenas uma mulher gorda e um carro caindo aos pedaços. Mostrou-se até um desenho em que aparecia uma gorducha. Em seguida, tentou assistir aos programas da manhã, desenhos e filme. Não conseguia se distrair. Pegou a caneta. Tentaria adivinhar?

O visitante da hora do almoço foi o baixinho cabeludo. Trouxe o prato. José notou que tinha um revólver na cintura, talvez para assustar.

— Você não pode se queixar. Até televisão tem.
— Passou um carro da polícia na rua — disse.
— Passam a todo instante. Há uma delegacia bem perto. O bairro é muito bem policiado. Está seguro aqui.

— A polícia já sabe do carro velho.

— Não se preocupe. Estamos nos livrando dele. Tinha sido roubado para o trabalho.

— Mas uma mulher gorda foi vista.

O baixinho riu.

— Querida, apareça.

A mulher gorda apareceu à porta. Mas já não tão gorda. O mais era pano.

Quando viu aquilo, José ficou mais preocupado. Eles não eram tão bobos assim. Tinham se livrado do carro e a mulher o enganara com aqueles panos todos. Procuravam por uma gorda e a gorda já não existia. A polícia não teria nenhuma pista.

"Meu Deus, me diga quando sairei daqui", pensou.

Não sentiu a resposta. Teria perdido o dom? Se tivesse, que péssimo momento para perdê-lo.

À tarde, novos *flashes* sobre o sequestro. Apareceu Bela chorando e Au todo encorujado. Que vontade de abraçá-lo e beijá-lo. Dona Elvira, em *close*, dirigia-se aos bandidos numa tentativa de comovê-los. Pediu-lhes que se comunicassem. Houve também brincadeiras telefônicas. Nada é mais revoltante e pavoroso que o senso de humor de certas pessoas. Diziam que, sendo o menino um adivinho, por que não adivinhava um meio de escapar dos raptores? Gracinhas desse tipo. Em seguida, outras notícias policiais. Uma delas chamou a atenção de José. Um carro, estacionado, pegara fogo numa viela da periferia. Parecia ser o carro do sequestro. Incendiar era o melhor meio de alguém livrar-se de um veículo.

Sem carro velho, sem mulher gorda. E sem telefonemas que dessem alguma pista dele!

No final da tarde, sintonizou por acaso uma emissora que transmitia um jogo: Corinthians e Flamengo. Fizera uma previsão para impressionar o motorista. O Flamengo vencia por 1 a 0 e o jogo estava em seus instantes finais. O tempo regulamentar fora ultrapassado. O locutor exigia o encerramento. O juiz parecia estar confuso, olhando o cronômetro. Foi então... Foi então que um chute da linha média, cheio de veneno, pegou o goleiro distraído e...

— 1 a 1! — berrou José.

O baixinho, ouvindo o berro, entrou às pressas no quarto.

— O que foi?

— Gol.

— Ah, você gosta de futebol?

— Não.

— Pra que time você torce?

— Nenhum.

— Mas está contente com o resultado.

— Pra mim, tanto faz.

— Você é doido?

— Na escola dizem que sou.

Mas Zezinho estava contente. O resultado viera confirmar que ainda não perdera o dom. Continuava afiado. E assim ele marcara um gol. Assustando o motorista, que talvez desaparecesse, ele enfraquecia o grupelho dos sequestradores.

O PAÍS TODO QUER SABER ONDE ESTÁ ZEZINHO

Sexta-feira, segundo dia do sequestro, e os bandidos não telefonavam. Poderia o menino já estar morto? Mas mesmo com o sequestrado morto, disse o delegado, os sequestradores costumam insistir no resgate. O desejo deles talvez fosse torturar a família. Desesperada, ela arranjaria o dinheiro mais depressa. Mas por que não telefonavam?

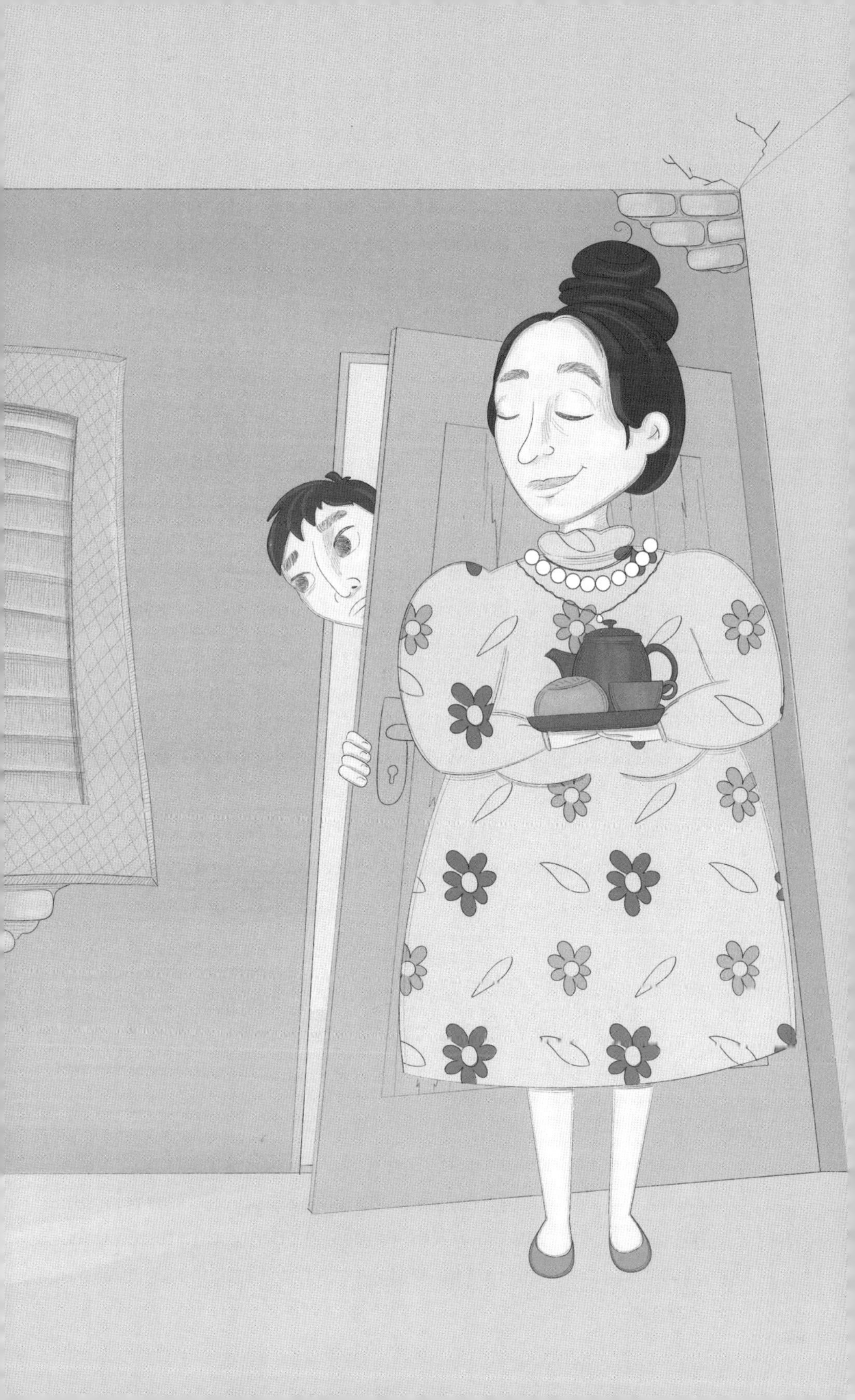

A TV esteve outra vez na casa do garoto. A família não tinha mais nada a dizer. Esteve no colégio, onde diversos alunos e Fla falaram das qualidades do colega. Fla, porém, foi mais longe, disse que Zezinho conseguiria enganar os bandidos e que, a essa altura, já devia saber como seria o fim de tudo.

O delegado supunha que talvez fosse um rapto diferente, com outro objetivo.

– Qual, seu delegado?

– Não sei.

Engraçado foi o surgimento de um barbudo esfarrapado que se dizia o maior adivinho do país. Comunicara-se mentalmente com José e sabia exatamente onde ele estava. Mas somente revelaria à TV Mundial, que era a de maior audiência.

– Ele está no porão de um navio turco no Porto de Santos – acabou informando, diante das câmeras.

Ninguém se mexeu muito porque logo surgiu a informação de que nenhum navio turco atracara em Santos. Ele corrigiu: o navio era grego, mas já pertencera à Turquia. A emenda não adiantou nada. Só resultou em risadas.

Sexta-feira não trouxe nenhuma novidade, apenas mais sofrimento. Sábado de Aleluia. Dona Elvira acordou rezando. Quem sabe o dia lhe trouxesse uma boa-nova.

O TELEFONEMA PARA MAMÃE

José já estava desanimado. Sem pistas, a polícia não conseguiria encontrá-lo. O jeito era não resistir à quadrilha, deixar as coisas rolarem. Apenas um fato lhe dava alguma esperança. Alguém, outra testemunha do sequestro, observara que junto da gorda havia um homem baixo e cabeludo. E até arriscou fazer um retrato falado dele. Talvez isso ajudasse nas investigações.

A porta se abriu. Entraram o baixinho e a ex-gorda.

– Já adivinhou as dezenas?

– Não.

– Está ficando em cima da hora.

– Não estou conseguindo.

– Se você não colaborar, continuará preso – disse o baixinho.

– Ficará aqui até que a polícia o descubra – reforçou a ex-gorda.

O menino tinha um plano, por isso dissera não estar conseguindo.

– Colaboro, sim, mas queria uma coisa.

– O que você quer?

– Comunicar-me com meus pais.

– Usar nosso telefone seria arriscado – disse o baixo.

– Pode ser por telefone público.

– Nosso motorista sumiu.

– Então, não adivinho nada – decidiu o menino.

– Vou lhe dar uns tabefes – ameaçou o raptor.

– Espere – disse a mulher. – Tive uma ideia.

Os dois saíram. José ficou curioso. Que ideia seria? Uma hora depois, eles voltavam. O baixinho trazia um telefone celular; eles achavam que era mais seguro.

– O telefonema não poderá durar mais de meio minuto. Atenda quem atender, diga apenas que está bem, envolvido numa missão beneficente, e que estará de volta no início da próxima semana. Entendeu?

– Quero mandar lembranças a certas pessoas.

– Mas bem depressa.

O raptor fez a ligação. Sabia de cor o número do telefone da casa de sua vítima. Esperou uma chamada e passou o aparelho a José. Os dois estavam juntos, respirando fundo. No terceiro chamado, atenderam. Quem atendeu disse o número.

— Mãe, é o Zezinho. Estou bem, ajudando umas pessoas. Vou voltar na semana que vem. Um abraço para o pai, o Márcio, a Bela e, principalmente, para o Rabbit.

— Então você está bem, filho?

— Estou.

— Onde você está?

— Isso não sei. Diga ao Rabbit que vou ganhar a partida. Tchau.

José devolveu o telefone ao baixinho.

— Quem é esse Rabbit?

— Um amigão, jogamos xadrez. Quando vocês me pegaram, deixamos uma partida pelo meio.

— Agora vai colaborar?

— Vou.

— Escreva no papel as cinco dezenas. Só isso.

José ficou só. Concentrado. Mas não precisou de muito tempo para escrever as dezenas. Depois bateu à porta. O baixinho e a ex-gorda apareceram, pegaram o papel e perguntaram timidamente:

— Está certo de que as dezenas são essas?

— Nunca tive certeza de nada.

— Agora vamos telefonar — disse o baixinho à companheira.

Os dois sequestradores correram para o telefone, nervosos. Ele discou o prefixo e os números do telefone do sorteio. Imediatamente, ouviu uma voz engraçadinha.

— Aqui é o Coelho da Fortuna. Identifique-se. Nome e sobrenome.

O baixinho levou um susto e desligou.

— Por que desligou? — perguntou a mulher.

— Eles perguntam nome e sobrenome. Pensei que não fosse preciso.

— Mas é porque muita gente pode morar numa casa e até muitas famílias. Como saber quem telefonou?

– Dou o nome do RG falso?
– Dê.
O baixinho tornou a discar.
– Aqui é o Coelho da Fortuna. Identifique-se. Nome e sobrenome.
– Evandro José da Silva.
– Disque a primeira dezena.
Discou.
– Disque a segunda.
Discou.
– Disque a terceira.
Discou.
– Disque a quarta.
Discou.
– Disque a quinta.
Discou.
– Obrigado e boa sorte.

O resto do dia o prisioneiro passou assistindo televisão. Viu novamente seus pais, Márcio e Bela fazendo apelos aos sequestradores. Viu Fla chorando e Au afundado no sofá. Agora a grande esperança era que suas dezenas fossem as sorteadas. Mesmo isso, porém, não garantia que fosse libertado.

A MENSAGEM DECIFRADA

Dona Elvira comunicou-se com a família toda. Uma agitação na casa. Pela primeira vez na vida, Au latiu mais forte. O telefonema fora gravado. José falara pouco e apressadamente, com certeza pressionado pelos sequestradores. Disse estar ajudando algumas pessoas. Talvez por isso não cobravam o resgate. Confirmava em parte a suspeita do delegado. Mas gente empenhada em fazer o bem, graças ao dom do menino, usaria de violência? Como bandidos?

— O que não entendi foram os abraços ao Rabbit. Não conheço ninguém com esse nome, Rabbit. Algum amiguinho dele?

Márcio deu um salto.

— Ele mandou uma mensagem. O caçulinha tem cabeça. — Foi ao quarto e voltou com um livro de inglês. — Zezinho já está estudando inglês. Ele quis nos passar alguma informação. — Abriu uma página. — Os nomes dos animais. *Dog*, cachorro; *cat*, gato; *horse*, cavalo; *butterfly*, borboleta; *rabbit*, coelho.

— Coelho. Seria qualquer coisa relativa ao Coelho da Fortuna? — alertou dona Elvira.

— Estou certo que sim, mãe.

— O quê, por exemplo?

— Vamos chamar o delegado, mãe. Temos uma pista.

O delegado, com quase todo seu tempo voltado para o caso do menino adivinho, apareceu na residência e ouviu a gravação.

— Evidentemente, trata-se de uma mensagem.

— Sobre o concurso do Coelho da Fortuna — afirmou Márcio.

O delegado concordava.

— Sim, Márcio. José pode ter sido sequestrado para adivinhar o número vencedor.

— Pode ser, mas é um absurdo! — exclamou seu Gregório, que entrava.

— Para quem acredita piamente no menino, não — disse o delegado.

— E o mais curioso de tudo — garantiu dona Elvira — é que ele pode acertar.

— O vencedor terá de identificar-se para receber o prêmio — disse o delegado.

— O sorteio exige identificação até para gravar o palpite. Assim evitam confusão — informou Márcio.

— Vou rezar para que Zezinho acerte em cheio — afirmou dona Elvira.

— A polícia já vai se movimentar. O dia do sorteio será amanhã — lembrou o delegado, retirando-se.

Seu Gregório largou-se numa poltrona.

— E dizer que aqueles milhões poderiam ser nossos!

A EX-GORDA FAZ CONFIDÊNCIAS

No início da noite, a carcereira de José trouxe o jantar. Magra, ficava menos solidária, mais bandida.

— Já telefonaram? — perguntou o menino.

— Já. Amanhã assistiremos a tudo pela televisão. Será divertido.

— Onde está aquele rapaz?

— Ficou com medo e sumiu. Você disse alguma coisa a ele?

— Só acertei o resultado de uma partida de futebol, que ele me pediu.

— Só?

— Disse que ele seria preso.

— Não devia ter assustado ele.

— A senhora não tem medo de ser presa?

— Não — respondeu ela, sem muita convicção. — A gente pensou em tudo... Planejamos lance por lance.

— Quando vão me soltar?

— Já sabe, quando recebermos o cheque. Está tudo calculadinho.

— No mesmo dia deixarão essa casa?

— Sim. Mas não pense que nos identificarão. Não moramos aqui, queridinho. Nem nesta cidade. Mesmo o proprietário da casa não conhece a gente. Foi tudo bem-feitinho.

— Vocês são espertos — disse José, que começara a pensar o contrário depois do telefonema.

— Acha que somos?

— Não entendo nada de sequestros, mas acho.
— Coma, senão esfria.
— E... se eu não acertar?
— Reze para acertar, queridinho.
"O que será que ela quis dizer com isso?", pensou José.

O QUE ACONTECERÁ COM JOSÉ SE NÃO ACERTAR AS DEZENAS?

A primeira parte do sorteio foi realizada às 11 da manhã no palco-auditório da TV Mundial, na presença de fiscais federais. Houve um *show* inicial, com lotação esgotada. Todos ganhavam ovos de Páscoa e a alegria era uma só em todos os rostos.

Como em milhões de residências, no país todo, no esconderijo dos sequestradores a TV também estava ligada naquele canal. O baixinho e a ex-gorda assistiam ao programa na sala. O prisioneiro, em seu quarto. Ele não lembrava as dezenas. Agira automaticamente. Fora colocando os números no papel e mais nada. Agora, pensava: e se eu não acertar? Vão me bater? Essa gente é pancada, não dá nem pra imaginar o que fará comigo.

Terminado o *show*, teve início a primeira parte do sorteio. Os dois fiscais federais e Dorinha, a menina prodígio da emissora, toda vestida de branco, uma graciosa coelhinha, retirariam de um globo, uma a uma, as bolinhas numeradas que formariam as dezenas que apareceriam num quadro luminoso.

As dezenas foram sendo formadas a cada duas rodadas do globo. Dorinha anunciou a primeira: 95.

"Assinalei essa dezena?", perguntou-se José. Não lembrava.

O resto foi a mesma coisa. Dorinha fazia girar a grande roda e depois retirava duas bolinhas. Para José, não havia sensação

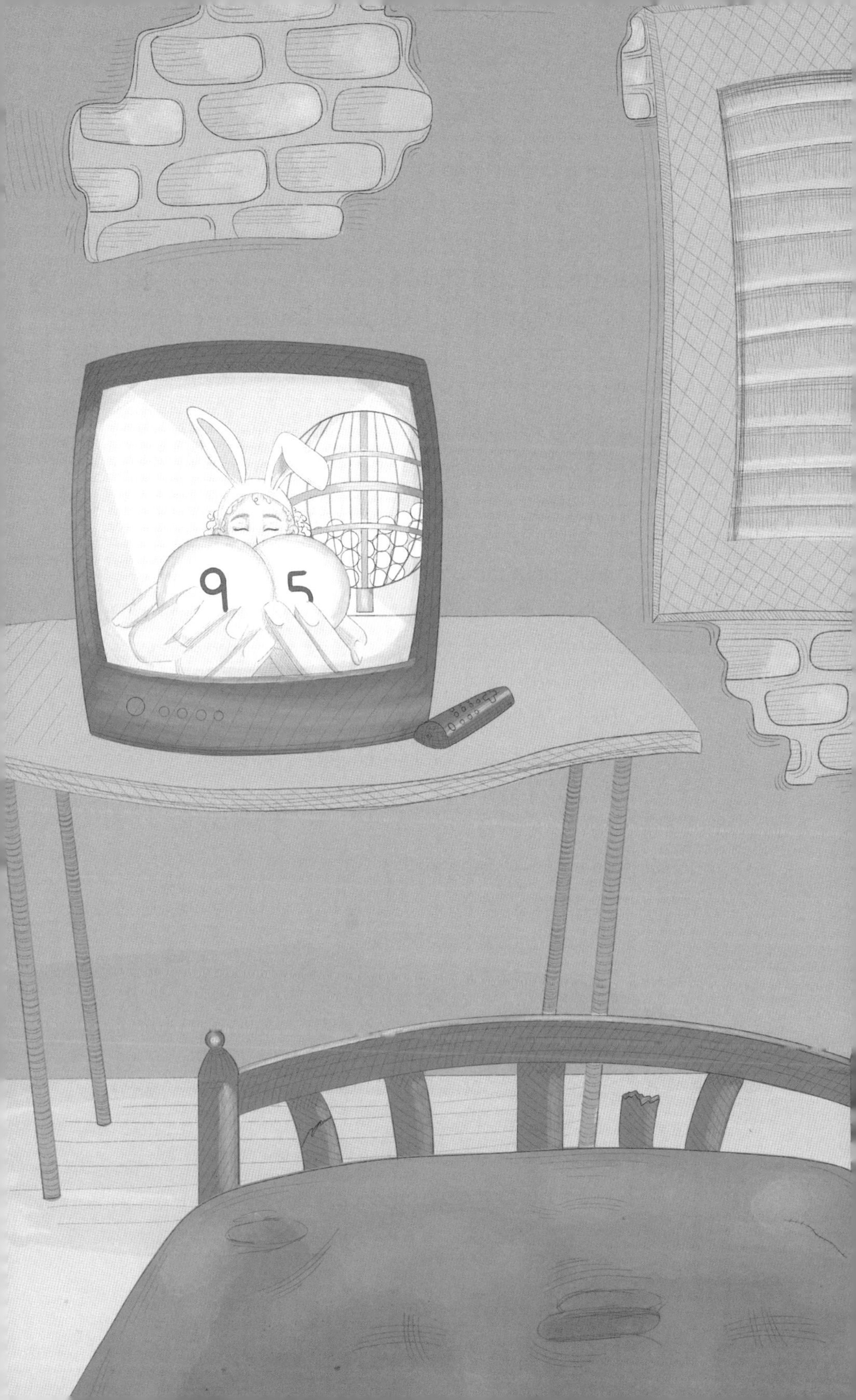
9
5

alguma naquela coisa. Nunca fora chegado a concursos de televisão e achava Dorinha uma menina muito convencida.

As outras dezenas foram 73, 47, 31. Aí, fizeram aquele suspense para retirar a última dezena. Houve um rufar de tambores. 47 eu assinalei, lembrou o menino, e o 31, ou foi o 41? A grande roda girou mais ainda. A mãozinha de Dorinha foi focalizada retirando o primeiro número da dezena: 0. Ouviram, do auditório, um "aaaaaaa" de decepção. Em seguida, ela anunciou:

— A quinta dezena é... 01.

Bem, tudo acabado. José sentiu um medo! E agora? Se não tivesse acertado, o que fariam com ele? Viu-se abandonado numa estrada, jogado pra fora de um carro, atirado de uma janela. Desde o início do sequestro, jamais sentira tanto medo.

A porta do quarto se abriu. Lá estavam os dois a olhá-lo, em silêncio.

— Eu disse que não acertava sempre — disse, quase chorando. — Não prometi nada. Prometi?

— Não — disse a mulher.

— O que vocês vão fazer comigo? Digam!

A ex-gorda aproximou-se dele. Subitamente abaixou e beijou-lhe o rosto. Por quê?

— A senhora não está zangada?

Os sequestradores gritaram ao mesmo tempo. Um brado de alegria.

— Você acertou! — gritou o baixinho.

— As cinco dezenas?

— As cinco!

Agora foi o baixinho que o beijou. José sentiu um forte cheiro de bebida. Os dois não se continham, abraçavam-se e dançavam no pequeno espaço do quarto. Forçaram o menino a dançar também.

— Você é o maior adivinho do planeta — disse o sequestrador. — E nos tirou do buraco. Nos salvou da miséria. Ganhamos um dinheirão!

— Muito obrigada! — agradecia a ex-gorda.

— O concurso ainda não terminou — lembrou José.

— Não, mas os que acertaram as dezenas, como nós, já ganharam uma nota. É o que diz o regulamento.

— E a corrida de coelhos?

— É um prêmio extra, que será sorteado entre os ganhadores da primeira rodada.

— Esse nem vou tentar — protestou o menino.

— Quem sabe? — disse o baixinho.

Os três colaram os olhos no vídeo. O apresentador, vestindo *smoking*, dirigia-se às câmeras.

— O *show* vai continuar — anunciou. — Os maiores nomes de nossa música estarão aqui, neste palco, cantando seus sucessos. Se houver mais de um vencedor, teremos o *sweepstake*, a grande corrida de coelhos, cada um deles participando com o número de um sorteado.

MÁRCIO PÕE A CUCA PRA FUNCIONAR

Na casa de José também se acompanhou o sorteio. Cena por cena. Todos ao redor do televisor, inquietos. Tinham a impressão de que José estava assistindo, no lugar em que estivesse. Até Au estava na sala. Desde que seu amigo desaparecera, ele mantinha uma sofrida atitude de espera, os olhos grudados na porta da rua.

— O sequestrador será um dos vencedores — disse Márcio, com muita convicção. Ele, que antes não acreditava nas adivinhações do caçula, agora achava que era tudo verdade. Lembrava-se delas, uma a uma. Certa vez, Márcio perdera uma carteira. "Procure na garagem que está lá", garantiu Zé. E estava mesmo. Márcio não dera muita importância, mas ele continuou adivinhando e acertando. O garoto era incrível.

— Acha mesmo isso? — perguntou o pai.

— Hoje tenho certeza de que ele foi raptado para adivinhar as dezenas do Coelho da Fortuna.

— Por que tanta certeza?

— Porque os sequestradores não cobraram o resgate. E por causa do telefonema dele. Rabbit foi a palavra-chave.

— Os sequestradores talvez estejam decepcionados. Houve milhões de telefonemas.

— Mas se ele tem mesmo o dom, estará entre os vencedores...

— Vamos ver o que o delegado faz.

— Ele tem de agir já, imediatamente, enquanto o computador vai indicando os telefones e nomes dos vencedores.

Bela sorriu.

— Ele disse que meu namorado vai voltar e falar em casamento.

— Estou preocupada é com a vida de meu filho — choramingou dona Elvira.

— Não farão mal a ele – disse Emílio. — Quem magoaria um profeta?

— Muitos profetas foram sacrificados — lembrou dona Elvira, enxugando as lágrimas. — Você não sabia?

A CORRIDA DOS COELHOS

José ouviu ruídos no interior da casa. E logo reconheceu a voz do motorista, que resolvera voltar assim que soube que ele adivinhara as dezenas. Logo apareceu no quarto.

— Olá, garoto!

— Você está se arriscando – disse o menino. — Eu não falei que pode ser preso?

— Vamos ficar aqui apenas mais algumas horas. Amanhã o chefe retira o cheque e a gente some.

— Mas ainda tem a corrida dos coelhos.

— Você pode ser o único que acertou as dezenas.

— Foram dez – informou José, dizendo um número a esmo.

O baixinho entrou no quarto. Devia ter bebido bastante. O bafo estava demais. Trazia uma caneca e um dado.

— Quero ver se está em forma. Diga um número e jogue.

— Seis – disse o menino e lançou o dado.

Deu o três.

— Jogue de novo.

— Quatro – disse ele.

Deu o dois.

— Jogue outra vez.

— Cinco.

Deu o quatro.

— O que está acontecendo? – perguntou o baixinho. – Brincadeira?

— Posso ter perdido o dom – disse o menino, não por brincadeira.

— Tente outra vez.

— Seis – ele disse, sacudindo a caneca. Jogou.

Deu o um.

— Está querendo me enganar?

Não estava.

— Apenas não estou acertando. Talvez a adivinhação não funcione com dados. Não posso prever tudo.

A ex-gorda entrou no quarto com uma garrafa de vinho. Já não era para comemorar, mas para suportar melhor o nervosismo da segunda etapa do concurso. O baixinho virou logo dois copos. Depois José ouviu barulho no interior da casa. Teve a impressão de que a mulher fazia as malas.

— Quando o vencedor receberá o cheque?

— Amanhã.

— E vocês vão me soltar amanhã mesmo?

– Não sabe perguntar outra coisa?

Às 3 horas da tarde, o apresentador do concurso anunciou a segunda parte. Desta vez não o globo, mas um vistoso computador, cheio de luzes, apareceu na tela. Ele ia revelar, um a um, os nomes dos sorteados e suas cidades de origem, além de numerá-los para a sensacional corrida de coelhos. Os vencedores já sabiam que estavam entre eles, mas deviam estar se perguntando se o computador era mesmo infalível.

Antes de cada revelação do computador haveria um rufar de tambores.

O apresentador anunciou:

– Coelho nº 1.

Câmera no computador: Ana Maria das Dores. Manaus. AM.

– Coelho nº 2.

Câmera no computador: Júlio Marinho. Recife. PE.

– Coelho nº 3.

Câmera no computador: Oswaldo Valadares. Rio de Janeiro. RJ. Apenas o sétimo coelho era de São Paulo. Mas do interior.

Câmera no computador: Elisa del Rio. Avaré. SP.

O trio de sequestradores começou a tremer de nervoso. Seria mancada do computador?

O coelho nº 8, de Curitiba. O nº 9, de Belo Horizonte. Que frio na espinha!

– Coelho nº 10, o último.

Câmera no computador: Evandro José da Silva. São Paulo. SP.

Que alívio! Estavam entre os dez. A confirmação. Mais gritos e mais bebida. Loucura.

Três minutos para os comerciais.

A câmera abriu nos coelhinhos, em suas gaiolas, dez, o número de sorteados que José adivinhara. Cada um exibia um número bem grande. O de Evandro era o 10, na ordem do sorteio. Correriam atrás de uma cenoura gigante presa a um gancho. Três voltas ao redor de uma pista

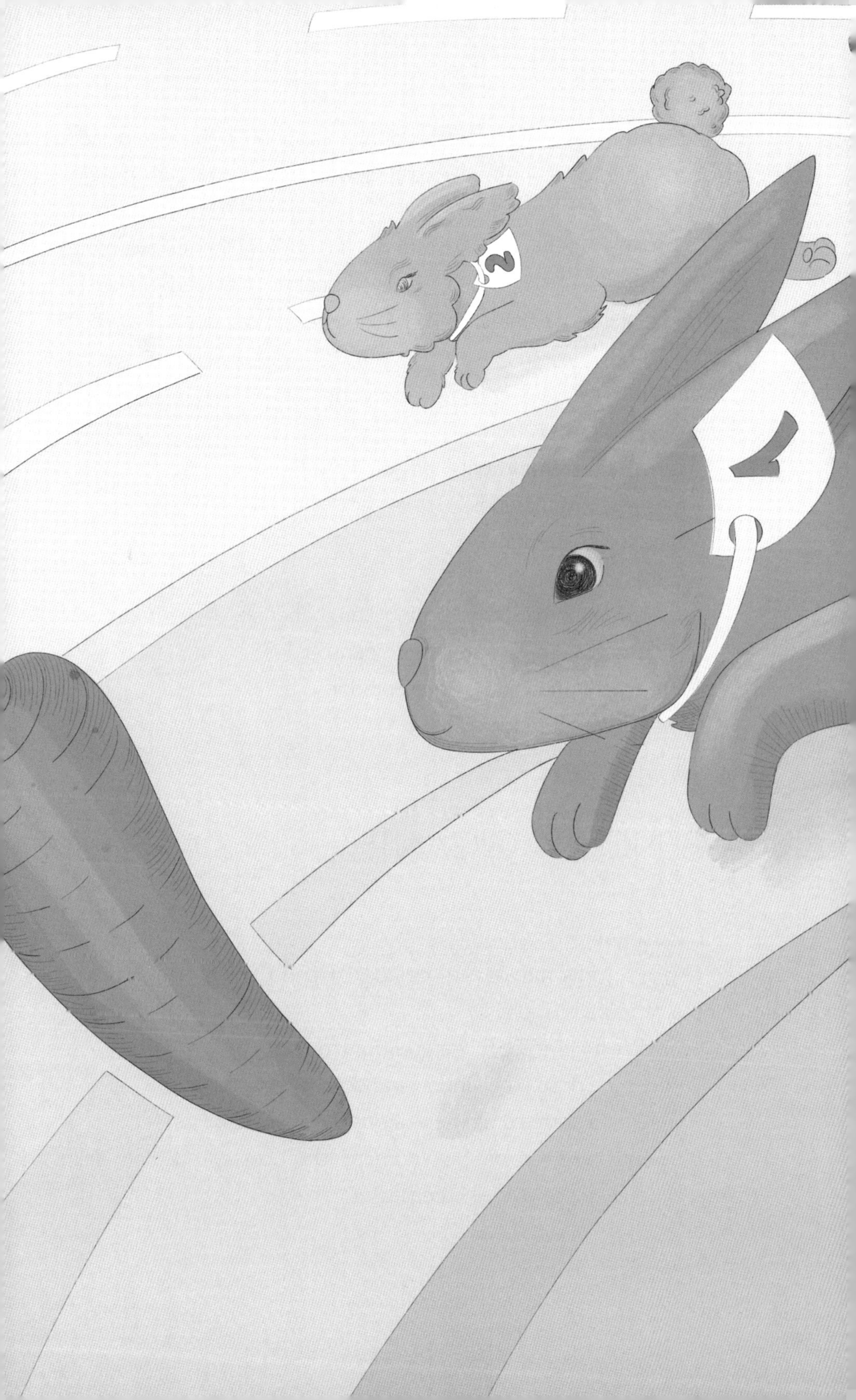
2

cheia de pequenos obstáculos. Tudo organizadinho, bonito, planejado. Era o momento do prêmio extra, que dobrava o já ganho pelos acertadores.

O baixinho abriu outra garrafa de vinho. A mulher estava muito atenta. Acendeu um cigarro. Tocou a campainha. Levaram um susto. Espiaram, cautelosamente. Alívio. Era apenas o rapaz que voltava com mais bebida.

– Quando vai ser a corrida? – perguntou.
– Agora.
– Como saberemos qual é nosso coelho?
– Eles estão numerados.
– E qual é nosso número?
– O 10.

A ex-gorda e o baixinho continuavam bebendo.
"Se descuidarem, tentarei fugir", pensou José.
– Atenção – anunciou o apresentador.
Close no computador.

A CENOURA GIGANTE

– Partiram!

O que se viu foram os dez coelhos correndo, enlouquecidos, atrás de uma cenoura voadora.

– Onde está o nosso? – perguntou a mulher.
– Não sei – disse o baixinho, virando outro copo.
– O 10 está entre os últimos – constatou o motorista.

José entrou na torcida. Se o número 10 vencesse, tudo bem. Mas o que aconteceria se o coelho perdesse?

– O número 3 está na frente – anunciou o apresentador. – Estão começando a segunda volta. O 5 ameaça conquistar a dianteira. O número 10 está meio perdido. O 7 também avança.

A mulher acendia outro cigarro, o rapaz roía as unhas e o baixinho bebia. José sentia uma forte dor no estômago.

– Última volta! – bradou o apresentador. – Na frente, os de números 5, 8 e 9. Alguns ficam para trás. Agora se forma verdadeira confusão. Não dá para ver qual está na frente. O 8 parece machucado. Vão cruzar o disco. Cruzam três ao mesmo tempo. Vamos aguardar a palavra do diretor da pista. O vencedor foi o 1 ou o 3 ou o... Houve uma pausa esticada, depois surgiu um *slide* com um aviso. Atenção. O vencedor foi... Nova pausa e o segundo *slide*: o número 10. Terceiro *slide*: Evandro José da Silva, da cidade de São Paulo.

Os três enlouqueceram.

– Vencemos! – bradaram.

– O extra também é nosso!

Começaram a pular, a dançar e a beber vinho.

– Estamos ricos – disse o baixinho. – Ganhamos o prêmio em dobro.

Amanhã a gente pega o cheque e cai fora – acrescentou a mulher.

– Obrigado, garoto! – agradeceu o motorista.

José foi novamente abraçado e beijado.

– Não adivinhei, foi o acaso.

– Modéstia, garotinho.

O quarto era pequeno para tanta comemoração. Os três foram para a sala e continuaram cantando, bebendo e saracoteando. Às vezes, em fila, como num cordão carnavalesco, entravam no quarto. Numa dessas vezes José empalideceu. O que acontecera com o baixinho? Ele estava careca. Olhou para o chão. Na brincadeira, caíra sua cabeleira.

A gorda não era gorda, o cabeludo não tinha cabelos, o carro do sequestro fora queimado. "Essa gente é esperta demais", pensou José. "Não deixou pista nenhuma."

QUASE LIVRE

Depois de muita festa, os bandidos foram despencando. O primeiro a naufragar foi a ex-gorda. Tinham deixado a porta do quarto aberta e José viu a mulher deitada na cama, de boca aberta, roncando. O segundo foi o baixinho careca. Afundou numa poltrona. O rapaz continuou bebendo. Copo atrás de copo. Depois sentiu ânsia de vômito. Correu para o banheiro.

José ficou sozinho, com a porta do quarto aberta. Andou pela casa, pisando macio. Chegou numa porta. A chave estava na fechadura. Abriu. Mas não estava na rua. Teria de descer alguns degraus, percorrer um corredor de cimento e chegar a um portão de ferro, este, sim, dando para a rua.

José desceu os degraus, um a um, evitando fazer barulho. Seguiu pelo corredor, quase sem tocar o chão. Tentou abrir o portão. Estava fechado à chave. Seria muito fácil se não estivesse. Resolveu tentar pular o portão. Pôs um pé aqui, outro ali. Deu um pequeno impulso. Estava quase em cima dele. Aí era só saltar para a rua e sair correndo.

– Desça daí, garoto! Vamos!

Era o rapaz, que descia os degraus. Quase dera certo. José teve de descer.

– Você é um menino esperto.

– Deixe eu ir, não vou acusar você.

– Alguém acreditaria nisso?

– Você pode ir preso.

– Amanhã estará tudo acabado. Vamos. Não direi a eles que você tentou fugir. Podem se zangar.

José foi levado de volta ao quarto. Na passagem, viu a magra e o careca dormindo. O rapaz fechou a porta.

Sozinho, José ficou abatido. Mais meio minuto e teria fugido. Viu a caneca e o dado.

— Número três — disse. E lançou o dado.
Deu o dois.
— Número cinco.
Deu o quatro.
— Número um.
Deu o seis.

O que teria acontecido? "Perdi mesmo o dom", pensou José. Quando adivinhava sentia uma vibração, uma certeza, que parecia ter desaparecido. Alguma coisa como uma pasta de dente que chega ao fim...

Largou-se na cama e nem soube se dormiu ou não. Acordou com os três falando alto. Brigavam, mas por quê?

AS COISAS SE DERAM ASSIM

A voz do moço.
— Vocês permitiram que ele falasse com os pais?
— Falou com a mãe.
— E o que disse?
— Nada.
— Como, nada?
— Mandou lembranças.
— Só lembranças?
Só lembranças. Para o pai, o irmão, o primo...
— E para um tal Rabbit — lembrou a mulher, bocejando.
— Rabbit? — espantou-se o moço.
— Rabbit — confirmaram.
— Sabem o que quer dizer *rabbit*?
— Não é um nome?
— Coelho, em inglês. Não sabiam?
— Não.

– Ele tentou passar uma pista. A polícia já deve estar a par disso.
A mulher ficou trêmula.
– Então vai ser arriscado apanhar o cheque.
– Besteira. Não vou deixar os milhões com eles. Nunca! – berrou o baixo.
– Eu não vou buscar o cheque com você – adiantou o motorista. – Sou louco?
O chefe, cheio de ódio, foi para o quarto, ameaçador, e olhou firme para o menino. O careca era mais violento que o cabeludo. E estava mais bêbado também.
– Quem é esse tal Rabbit? – perguntou, enfurecido.
– Aquele para quem mandei lembranças? Um amigo meu. Louco por cenouras. Um menino engraçado.
– *Rabbit* quer dizer coelho – disse o sequestrador em tom sombrio, movimentando os dez dedos como se pretendesse matar alguém.
– Eu não sabia. Quer dizer coelho?
– Sabia, sim, e merece um castigo.
– Castigo? Por quê? Pensei que vocês estivessem contentes comigo.
A mulher e o rapaz entraram.
– O que vai fazer com o moleque? – perguntou o moço.
– Não é da sua conta.
O motorista deu um passo à frente.
– Deixe o guri; bater nele não vai resolver. Além do mais, pode ser que eles não tenham entendido a mensagem.
– Calma – pediu a mulher. – Amanhã pegaremos aquela grana toda. Ficaremos ricos e sumiremos do país.
– Qualquer coisa me assusta – admitiu o baixinho, depois de uma pausa.
– Não é hora de a gente fazer besteira.
– Você está certa. Acho que devemos continuar comemorando.
– Essa é uma boa – concordou ela.

— Ainda tem bebida e estou com fome — disse o careca. — Vamos.

José ouviu ruídos de copos. Haviam voltado a beber. O rapaz dizia ser impossível que só uma palavra, e em inglês, desarmasse todo aquele plano. Era apenas nervosismo de quem está na reta de chegada. O prêmio estava no papo. Mais vinho e tim-tim para todos.

De repente...

— O que é isso? — perguntou a mulher, olhando para a janela fechada.

— Isso o quê?

— Ouçam.

Alguns carros brecavam à porta da casa. Ouviram portas de automóveis se abrindo e passos na calçada. Tocaram a campainha.

— Vá ver quem é, Zuleica.

— Eu?

— Vá, mulher.

Cautelosamente, a gorda de pano, lenta, foi atender, e então ouviram-se muitas vozes.

O rapaz também foi espiar. Quem era toda aquela gente? Uma invasão. Não era o que podiam pensar.

O pessoal da TV vinha entrevistar o vencedor milionário do Coelho da Fortuna. Entravam com câmera, cabos, fios, lâmpadas e todo material técnico utilizado em reportagens. Havia um nome que pronunciavam, repetidas vezes, o do feliz ganhador do concurso.

— Onde está seu Evandro José da Silva?

O baixinho teve uma tremedeira. Não entendia.

— Vieram entrevistar você — disse a mulher. — Não tenha medo, sorria. Seja bem natural.

O baixinho careca tentou sorrir. Os músculos da face não obedeciam. Nunca sentira isso.

O repórter se aproximou. Acenderam luzes. Ele não contava com aquela movimentação toda. Queria pegar o cheque e cair fora.

Publicidade, àquela hora? Ele já careca e a mulher magra, ambos sem disfarces!

— Feliz com o prêmio do Coelho?

— Sim, muito.

— Já sabe o que vai fazer com o dinheiro?

— Ainda não.

No quarto, José, que ouvia os ruídos, ia gritar, para que soubessem que estava lá, quando lhe taparam a boca.

— Quieto.

Era o motorista.

Na sala, Evandro José da Silva, o baixinho careca, o sortudo vencedor do concurso, o novo milionário, era entrevistado. Ele não se sentia nada à vontade. Gaguejava. A mulher sorria para ele tentando ajudá-lo a agir como um vitorioso. Ele não conseguia. O que faziam ali três policiais? Um deles foi espiar num dos quartos, outro na cozinha. O que procuravam?

— O senhor costuma participar de concursos? — perguntou o repórter.

— Este foi o primeiro.

— Mas, às vezes, faz as suas adivinhações... — disse o repórter, gaiato.

— Nunca adivinhei nada.

— Alguém colaborou com o senhor?

— Minha mulher me ajudou com uns palpites...

— Ajudei, sim — disse a mulher, tentando se controlar. — Tenho bons palpites.

— Ninguém mais?

— Não.

— Não mesmo?

— Não — confirmou o baixinho, estranhando a pergunta e ainda mais atrapalhado.

Aí o repórter fez a pergunta decisiva.

— E o tal menino adivinho, seu hóspede, não colaborou?

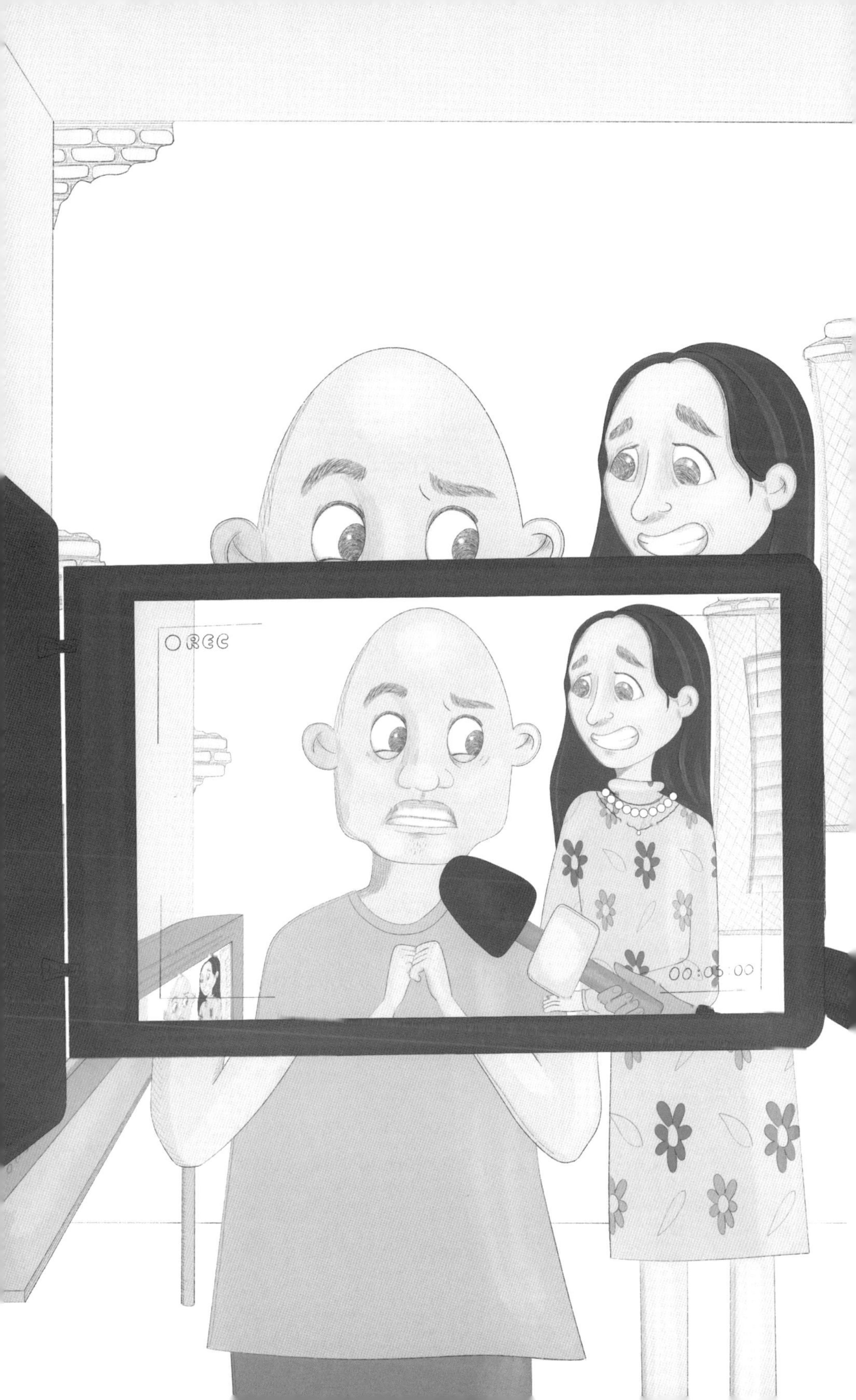
REC
00:05:00

O baixinho desabou, olhando para o chão. Era tudo uma armação entre a reportagem e a polícia. Mas ele ainda tentou dar uma de inocente.

— De quem você está falando?

A mão do motorista tapava a boca de Zezinho quando duas pessoas entraram no quarto: seu Gregório e Márcio.

— Pai!

— Largue o garoto!

— Quem são vocês?

— Pai e irmão desse menino — disse seu Gregório. — Aí está o delegado e alguns policiais. Você está preso.

— Eu disse que você seria preso — lembrou José.

— Disse, sim — o rapaz lembrou. — Meu erro foi ter voltado. Mas não era uma entrevista?

— A verdadeira entrevista será dada na delegacia — informou Márcio.

— A que está havendo, porém, vai ser exibida no programa da noite.

— Que burro eu fui — disse o motorista, inconsolável. — Mas como vocês chegaram até aqui?

— Zezinho deu a dica pelo telefone — contou Márcio.

— Vocês mataram a charada quando ele falou em *rabbit*, não foi?

— Isso mesmo. Vamos para a sala.

— Eu não ia fazer nenhum mal ao garoto — dizia o baixinho ao repórter, agora com o delegado ao lado.

José ouviu e disse qualquer coisa, mais ou menos assim:

— Se vocês não chegassem, não sei o que aconteceria comigo amanhã.

Algemaram os três. A ex-gorda, cujo verdadeiro nome era mesmo Zuleica, chorava:

— Tudo estava indo tão bem... Só faltava receber o cheque.

Seu Gregório, feliz, apresentou ao filho outro falso membro da equipe de reportagem.

— Este é o delegado, José.

— Assim que o vencedor foi anunciado, partimos para cá. A sua dica, graças à interpretação do Márcio, funcionou – disse o delegado.

AGORA, O FIM

A volta de Zezinho para casa foi uma festa da qual participaram Fla e os pais dela. A menina era uma alegria só. Com Au, José teve uma conversa íntima na qual lhe contou tudo o que acontecera. O cãozinho derramou lágrimas, mas sorriu no final. Primo Emílio só fazia uma pergunta: para quem ficariam os milhões do concurso? Alguém dizia que caberiam ao segundo colocado na corrida. A pessoa menos feliz era Bela.

— Lembra, Zezinho, da sua adivinhação? Você disse que meu namorado voltaria...

— E ele voltou?

— Voltou.

— Eu disse também que ele ia falar em casamento.

— E falou. Vai casar no mês que vem com uma tal de Conceição. – E desandou a chorar.

A libertação do menino adivinho foi um estouro na televisão e nos jornais. Deu três dias de matérias. Na escola, despertou mais curiosidade que nunca. Fla, sempre perto dele. O diretor aproveitou a ocasião para pedir-lhe desculpas pela suspeita das colas.

Primo Emílio ainda perguntava: para quem ficará o dinheiro do Coelho? Depois de muita discussão, que terminou num acordo, ele foi dividido em três partes iguais: para o segundo colocado, para Zezinho e para entidades beneficentes. Primo Emílio não gostou da divisão, mas quando seu Gregório lhe deu uma bela gratificação, para que iniciasse seu negócio, ficou feliz. Porém, tinha uma novidade:

— Não usarei o dinheiro para abrir nenhuma empresa.

— Mas não era seu sonho?

— Prefiro voltar para Campinas, comprar uma casa e casar com a Joaninha.

— Quem é Joaninha?

— Minha noiva. Há séculos. Pode não ser bonita, mas é muito paciente.

Zezinho continuou sendo procurado por inúmeras pessoas que pediam que ele fizesse adivinhações. Até pelos repórteres esportivos das emissoras, que perguntavam qual clube de futebol seria o campeão brasileiro do ano.

— O São Paulo Futebol Clube — ele dizia com firmeza.

Errou e foi gozado por muita gente. Outros lamentaram o seu fracasso. Ele não. Abriu um grande sorriso e revelou:

— Perdi o dom, mas estou contente. Quero ser um menino comum e viver em paz.

Os pais de Zezinho também ficaram aliviados. Tudo voltava ao normal. Acabara a tensão toda. Mas um misteriozinho pairava no ar: o caçula tivera mesmo o dom de adivinhar? Ora lhes parecia que sim, ora que não. E, se tivera, por que perdera?

— A gente não pode saber de tudo, Elvira.

— Mas isso é o que torna a vida mais interessante, Gregório.

Para Au, o que importava mesmo era a volta do dono, não essa história de adivinhação. Estava tão feliz, que exagerou:

— Au-au.

BIOGRAFIA

Marcos Rey, pseudônimo de Edmundo Donato, nasceu em 17 de fevereiro de 1925, em São Paulo, cidade que muitas vezes foi cenário de seus contos e romances. Estreou como escritor em 1953 com a novela *Um gato no triângulo*.

Marcos Rey faleceu em São Paulo, em 1º de abril de 1999. Suas cinzas, transportadas em um helicóptero, foram espalhadas sobre a cidade que consagrou em suas obras.

O mistério do 5 estrelas, *O rapto do Garoto de Ouro* e *Dinheiro do céu*, entre outros, além de toda a produção voltada ao público adulto, passaram a ser reeditados pela Global Editora.

LIVROS DE MARCOS REY PELA GLOBAL EDITORA

INFANTOJUVENIS

12 horas de terror

A arca dos marechais

Bem-vindos ao Rio

Corrida infernal

Diário de Raquel

Dinheiro do céu

Enigma na televisão

Marcos Rey crônicas para jovens

Não era uma vez…

Na rota do perigo

O coração roubado

O diabo no porta-malas

O homem que veio para resolver

O menino que adivinhava

O mistério do 5 estrelas

O rapto do Garoto de Ouro

O último mamífero do Martinelli

Os crimes do Olho de Boi

Quem manda já morreu

Sozinha no mundo

Um cadáver ouve rádio

Um gato no triângulo

Um rosto no computador

ADULTOS

A sensação de setembro – Opereta tropical

A última corrida

Café na cama

Entre sem bater

Esta noite ou nunca

Malditos paulistas

Mano Juan

Melhores contos Marcos Rey

Melhores crônicas Marcos Rey

Memórias de um gigolô

O cão da meia-noite

O caso do filho do encadernador

O enterro da cafetina

O pêndulo da noite

Ópera de sabão

Os cavaleiros da Praga Divina

Os homens do futuro

Soy loco por ti, América!